LA SERIE DE FILIACIÓN

Los Fundamentos

JESSICA ONSAGA

Esta serie está dedicada a los hijos de Dios quienes dirán "SÍ" a Yahweh sin importar el costo. Que estos libros te ayuden a crecer en filiación y madurez en tu caminar con Cristo.

La Serie de Filiación: Los Fundamentos
Jessica Onsaga

La Serie de Filiación: Los Fundamentos
Derechos de autor © 2023

Publicado por Seraph Creative

Translators name: Almendra de Mata

www.seraphcreative.org

ÍNDICE

PREFACIO

El Evangelio es el poder de Dios para la salvación

En el mundo cristiano hay muchos ministerios, métodos y modalidades sobre cómo ayudarte a madurar, sanar y acceder a las promesas de salvación. Muchos de estos son excelentes ministerios y realizados por cristianos competentes y de buen corazón. Sin embargo, sólo el escuchar, entender y creer el Evangelio tiene el poder de cambiar tu ser. Sólo la obra consumada de Cristo puede causar y mantener una vida transformada.

Si alguien está en Cristo, es una nueva creación

Más importante que el ministro o la metodología es la comprensión de quién eres en Cristo. ¿Por quién se está orando? ¿A quién se le está profetizando? ¿Quién está haciendo "guerra espiritual"?

¿Eres un cristiano en la Tierra que busca ayuda de Dios en el Cielo? Si crees que es así, necesitarás ministerios, sacerdotes y el "próximo paso" de Dios para traer y mantener el cambio a tu vida. Sin embargo, si sabes que eres una nueva creación, un Hijo de Dios, levantado y sentado en lugares celestiales, y que ya has recibido todo lo que necesitas para vivir en santidad, entonces todo ministerio simplemente te ayuda a darte cuenta y liberar lo que ya es tuyo en cualquier área de tu vida.

Mejor aún, una vez que te das cuenta de que la respuesta a tu oración ya te fue dada en el momento de tu salvación y está dentro de ti, es posible que ni siquiera necesites un ministerio. En cambio, vivirás en la realidad de tu nueva creación a través de tu relación directa con Dios mismo.

(Si dejamos de pedirle a Dios que haga lo que ya ha hecho y dejamos de pedirle que haga lo que nos ha pedido que hagamos, gran parte de nuestra vida de oración terminaría).

Los que han entrado en el reposo de Cristo han cesado en sus luchas y obras

La transformación de la vida de una persona para ser más como Cristo es un descanso. Un descanso porque fue la idea de Jesús, su pago completo y su trabajo constante en ti lo que te cambia - espíritu, alma y cuerpo. ¿Cuánto ayuno, cuánta memorización bíblica, cuántas reuniones de oración necesitarías hacer para llegar a ser como Cristo? ¡Es imposible para nosotros, y por eso es un regalo asombroso! Un regalo de Jesucristo que vive dentro de ti.

Esta serie de libros está aquí para despertarte a la asombrosa realidad de lo que ya has recibido. Mientras lees, el Espíritu Santo hará la obra para ayudarte a ver, creer y vivir en todo lo que Él ha prometido (y por lo tanto, ya es tuyo, ¡ya eres tú!)

Recuerda que es Dios quien te da la voluntad y el poder para actuar según su buen propósito. Hágase en mí conforme a Tu palabra".

De gloria en gloria

Chris Blackeby

INTRODUCCIÓN

Bienvenido a la serie de "Filiación". Es un gozo y honor estar en este viaje de descubrir más de Dios contigo. Tanto si te has criado en la iglesia como si acabas de conocer a Jesús, hay infinitamente más de lo que podemos aprender y descubrir de Dios. Esta serie de libros fue escrita para aquellos que tienen hambre de más y están dispuestos a ir más allá de sus cajas e ideas. La mayoría de la gente está de acuerdo en que Dios es mucho más grande que nuestros cerebros de guisante... pero por alguna razón, muchas personas no están dispuestas a mirar más allá de la cómoda caja de su teología. Si te inclinas hacia lo que estos libros discuten, esta serie te llevará a una aventura explorando a Dios y aprendiendo cómo crecer en tu relación e identidad en Él. Me apasiona ayudar al cuerpo de Cristo a enamorarse de Jesús y a caminar como hijo, ¡y estos libros lo harán si se los permites! Si Dios puede hablar a través de un burro... estoy segura que Él puede hablarte en esta serie.

A través de estos libros, pretendo romper conceptos simples pero poderosos para que podamos crecer más en nuestro caminar con Jesús. Este primer libro, Los Fundamentos, es el fundamento teológico para el resto de la serie y explica los aspectos fundamentales de cómo tener una amistad de dos vías con Dios. Es necesario leer este libro primero para que estés listo para recibir lo que cubre el resto de la serie. Libro 2, Creciendo en Filiación, explora cómo ser un hijo de Dios en la tierra y madurar en nuestra relación con Yahweh. El Libro 3, Llegar a Plenitud, es un libro de trabajo que aborda nuestras heridas del alma (que nos impiden caminar en lo que Dios tiene para nosotros). Y finalmente, el Libro 4, Cultivando Autoridad, discute el caminar en el poder y la autoridad que Dios nos dio a través de la intimidad y la relación con Él.Quiero mencionar que sería bueno que los Libros 1-3 fueran leídos antes de leer el cuarto y último libro (Cultivando Autoridad). Si te adelantas a las "cosas divertidas" en el libro 4, no tendrás la base necesaria para recibir y caminar en las "cosas divertidas" de las que hablo. Todo lo que escribo en estos libros tiene la intención de ayudarte a iniciar una conversación con Yahweh y profundizar en Él. No voy a citar cada verso o explicar completamente cada tema sobre el que escribo. Eso es intencional y por diseño. Si explico todo completamente, la mayoría de la gente estará satisfecha con solo tener más conocimiento intelectual en lugar de traer la información a Jesús. Para evitar que eso suceda, mi objetivo en estos libros es darte solo una probadita, un aperitivo lo suficiente para que tengas hambre, para que vayas a Jesús con estas cosas. JESÚS es nuestra fuente. Él es el sanador, y es SU verdad es la que transforma nuestra alma. Las palabras en esta serie solo se volverán más conocimiento intelectual si no permites que JESÚS te muestre la revelación del corazón en ellas. (Yo defino el conocimiento intelectual como cualquier cosa que hayas aprendido acerca de Jesús, pero que verdaderamente no sabes o crees en tu corazón/alma.) El conocimiento intelectual no toca los profundos sentimientos y creencias del alma. Nunca fuimos creados para vivir del conocimiento. Fuimos creados para vivir en RELACIÓN con toda la Trinidad. Y a través de la relación con ellos, renovamos nuestras mentes y transformamos nuestras vidas. Eso es lo más importante para cualquier creyente: aprender a permanecer y vivir de nuestra unidad con Dios. Así que, mientras explico las cosas en esta serie, espero darte suficiente información para que vayas a Jesús y le preguntes al respecto. Jesús puede tamizar lo que estoy diciendo y explicar cómo se aplica a ti y en tus circunstancias especiales.

Los temas de este libro y serie son sobre mi caminar con Jesús. Las cosas que comparto han sido aprendidas a través de gran dolor y pruebas, o vinieron de mi tiempo tranquilo con Dios. Mientras escribo esta serie, la mayoría de las veces iré directo al grano y seré tan breve y directa como sea posible. Personalmente, no me gustan las tonterías, y me gusta ir directo al punto cuando enseño, así que, naturalmente, así serán estos libros. Son intensos y llenos de nutrientes, por lo que necesitan tiempo para ser digeridos lentamente. Sacarás el máximo provecho de estos libros leyéndolos varias veces y deteniéndote a hablar con Jesús cada vez que algo te llame la atención. Deja que ÉL te hable, estos libros son solo un trampolín para hablar con Él sobre los temas a tratar.

Creo que hay tiempos muy intensos por delante, y es por eso que estoy escribiendo esta serie. No quiero que te sientas engañado o desanimado cuando la vida se ponga difícil. Espero que estos libros te ayuden a mantenerte firme en la Verdad durante los tiempos oscuros. A pesar de lo que está por venir, confío en que habrá el mayor derramamiento del Espíritu de Dios en la tierra. ¡Estos son realmente los tiempos más emocionantes para estar vivo! Todo el Cielo está mirando ansiosamente para que esta transición se desarrolle. No hay nada que temer. Esta es la era de la revelación de Jesucristo. Así que, te invito a apoyarte en Jesús con todo lo que tienes. ¡Dale tu SÍ eterno e inquebrantable! ¡Lo mejor está por venir!

Capítulo uno

¡LAS BUENAS NUEVAS!

El Evangelio. ¡En realidad son MUY buenas noticias! También es la piedra angular de los cimientos de la serie de Filiación. La historia del evangelio es sobre lo que se construye todo lo demás. Lo que creemos sobre el evangelio, Dios y quiénes somos afecta todos los aspectos de la vida. Entonces, aquí es donde debemos comenzar.

Nací en la religión y sabía cómo jugar bien su juego. Incluso de niña, siempre amé a Dios, pero estaba atascada en una relación muy distante, del tipo de obedecer a mi amoroso maestro. Cuando tenía 16 años, mi mundo religioso se puso patas arriba en un campamento de invierno. Me encontré con Jesús por primera vez de manera personal. Mi viejo paradigma de religión saltó por los aires y comencé mi viaje eterno de descubrir la majestad de Yahweh y mi identidad con Él. Ahora puedo ver que la religión me enseñó un evangelio distorsionado y pervertido, así que aclaremos algo.

Así es como resumiría a grandes rasgos "el evangelio" que la religión me enseñó:

Me dijeron que hay un Dios creador todopoderoso y que es muy bueno, santo y justo. Él hizo todo y le dio a Adán y Eva una regla simple. Rompieron la regla simple, y toda la humanidad fue condenada por las dos personas originales que desobedecieron. Debido a la santidad de Dios, Él no podía estar cerca del pecado. Peor aún, la gente necesitaba ser castigada por sus pecados con la condenación eterna. Pero Dios nos ama tanto que envió a su único Hijo, Jesús, a morir por nuestros pecados para que pudiéramos ser salvos de la ira y el castigo de Dios. Jesús vino como un cordero sacrificado para recibir la ira y el castigo que nos correspondía. Vino a la tierra como un bebé, vivió y fue asesinado. ¡Entonces Jesús resucitó tres días después de entre los muertos, victorioso sobre el pecado! Si creías en Jesús, entonces podías ser salvo del infierno. Pero esa salvación del pecado realmente no comenzó hasta que moriste porque siempre estarías atrapado en el pecado durante tu tiempo aquí en la tierra. La religión enseña que se supone que debemos hacer todo lo posible para no pecar y ser "buenos cristianos" mientras estamos en la tierra hasta que finalmente muramos y lleguemos al cielo... o que debemos hacer lo mejor para no pecar y ser "buenos cristianos" hasta que Jesús regrese, lo que ocurra primero.

Creí este evangelio. Yo enseñé este evangelio. Fui de puerta en puerta haciendo evangelismo con este evangelio. Y estaba equivocada... muy equivocada. Tuvieron que pasar años para que Jesús me mostrara lo equivocada que estaba. Y voy a suponer que probablemente te enseñaron un evangelio similar y tuviste los mismos sentimientos. Así que primero, diseccionaré parte del evangelio de la religión y demostraré por qué está equivocado. Luego, compartiré el evangelio según las Escrituras. Oro para que continúes analizando lo que te enseñaron y lo compartes con la Biblia para ver cómo se sostiene.

Mito 1:

La santidad de Dios no puede estar cerca del pecado.

¡EQUIVOCADO! Dios PUEDE estar cerca del pecado. DIOS vino a estar con Adán en el jardín después de que pecó, y ADÁN fue el que se escondió. Una y otra vez en las Escrituras, DIOS desciende para estar con la gente pecadora incluso antes de que Jesús viniera a tratar con el pecado. El único verso que puedo encontrar apoyando este mito es:

Habacuc 1:13 "Muy limpio eres de ojos para ver el mal, ni puedes ver el agravio; ¿por qué ves a los menospreciadores, y callas cuando destruye el impío al más justo que él" [Énfasis mío]

Incluso al final del versículo, Habacuc admite que Dios mira el pecado. Dios ES santo, justo y bueno. ¡Todo esto es verdad! Simplemente es diferente de cómo me enseñaron. Y Su santidad no lo aleja de nosotros. Dios promete nunca dejarnos ni abandonarnos. Esa es una promesa que se da varias veces en diferentes libros de la Biblia.

Vamos a hablar sobre el pecado. Existe mucho debate sobre el pecado en los círculos religiosos. Sabemos por la Biblia, el pecado se asemeja a un término de tiro con arco, es como no dar en el blanco. Y sabemos que la paga del pecado es muerte. Pero ¿qué significa eso? Yo definiría el pecado como CUALQUIER separación de Yahweh. Él es la VIDA misma, por lo que cualquier separación de la vida equivaldría a la muerte. Por eso Jesús dijo que es pecado tener pensamientos de "homicidio" en nuestros corazones, aunque no lo hayamos llevado a la práctica. Los pensamientos de homicidio que nos permitimos tener, muestran que parte de nuestro corazón está separado de la Vida Misma. Muestra que parte de nuestro corazón está rendido a la mentira y que este acuerdo con la mentira nos lleva a la muerte. El pensamiento de homicidio en nuestro corazón es pecado porque causa la separación de Yahweh. Entonces, Dios PUEDE estar cerca de nosotros y de nuestro pecado, pero NOSOTROS somos los que nos escondemos de Dios porque Su luz expone nuestra separación y dolor.

Mito 2:

Debido a que Dios es justo, tenemos que ser castigados por nuestros pecados. Jesús bajó para tomar nuestro castigo y apaciguar la ira de Dios.

¡EQUIVOCADO! Existen MUCHAS cosas equivocadas sobre esto. La ira de Dios es posiblemente el atributo más incomprendido de Dios. No hay versículos que haya podido encontrar que respalden la idea de que Dios derramó su ira sobre Jesús. Hay versículos acerca de Dios poniendo los pecados del mundo sobre Jesús, pero esto difiere significativamente de la idea de que Dios derramó su ira. SI esta declaración fuera verdadera, entonces DIOS cambió en el evento de la cruz. Estaba lleno de ira, y ahora supuestamente ha sido apaciguado por causa de la cruz. (Al menos hasta el final de los tiempos, luego Él se enoja de nuevo).

> Hebreos 13:8 *"Jesucristo es el mismo ayer y hoy y por los siglos."*

> Hebreos 1:3 *"el cual, siendo el resplandor de su gloria, y la imagen misma de su sustancia, y quien sustenta todas las cosas con la palabra de su poder, habiendo efectuado la purificación de nuestros pecados por medio de sí mismo, se sentó a la diestra de la Majestad en las alturas,"*

Nota: Si Dios cambió en la cruz, entonces Él no es el mismo ayer, hoy y para siempre.

Y hablemos de esta idea del castigo. El castigo no nos ayuda ni trae transformación. Dice en la Palabra que Jesús vino por los ciegos, los enfermos y los perdidos. El castigo nunca puede hacer que un ciego vea bien o que un enfermo sane. Necesitábamos una transformación total y un salvador, NO un castigo.

> Lucas 19:10 *"Porque el Hijo del Hombre vino a buscar y a salvar lo que se había perdido."*

> Juan 3:17 *"Porque no Dios envió a su Hijo al*

mundo para condenar al mundo, sino para que el mundo sea salvo por él". [Énfasis mío]

2 Corintios 5:19 "que Dios estaba en Cristo reconciliando consigo al mundo, no tomándoles en cuenta a los hombres sus pecados, y nos encargó a nosotros la palabra de la reconciliación".

Mito 3:

Si crees que Jesús murió y resucitó, entonces puedes ser salvo del infierno. Sin embargo, aquí en la tierra, siempre estarás atrapado en el pecado hasta que mueras.

¡EQUIVOCADO! ¿Qué tan poderoso es Jesús si solo puede salvarnos del pecado DESPUÉS de que muramos? No hay versículos que respalden la idea de que estaremos atrapados en el pecado (pecadores) hasta la muerte. Si esto fuera cierto, ¡entonces la MUERTE nos estaría liberando de un mundo lleno de pecado a los brazos de Jesús! Jesús no está esperando que muramos para que podamos vivir una vida abundante solo en el Cielo. En cambio, el Nuevo Testamento está REPLETO de versículos que hablan de nuestra transformación en una nueva creación.

2 Corintios 5:17 "De modo que si alguno está en Cristo [es decir, injertado, unido a Él por la fe en Él como Salvador], nueva criatura es [renacido y renovado por el Espíritu Santo]; las cosas viejas pasaron; he aquí todas son hechas nuevas [porque el despertar espiritual trae una vida nueva].

Colosenses 1:13 "el nos ha librado de la potestad de las tinieblas, y trasladado al reino de su amado Hijo."

1 Juan 4:17 *".... pues como él es, así somos nosotros en este mundo."*

El evangelio de la religión NO quiere que caminemos actuando como Jesús. La religión trae muerte, no vida. Por lo tanto, el evangelio de la religión necesitaba tener suficiente verdad para sonar auténtico, pero también suficientes mentiras para mantenernos atados e impotentes.

Por último, no hay versículos que apoyen la idea de que el Cielo comienza cuando morimos. En cambio, esto es lo que la Biblia dice que es la vida eterna...

Juan 17:3 "Y esta es la vida eterna: que te conozcan a ti, el único Dios VERDADERO, y a Jesucristo, a quien has enviado".

La vida eterna comienza en el momento en que creemos en Jesús. Llegamos a ser UNO con Jesús, sentados en los lugares celestiales, y coherederos con Cristo. Esto sucede mientras estamos aquí en la tierra... ¡y la vida eterna sucede, aunque todavía no creamos que sucedió! Cuán poco valdría la muerte de Jesús si no pudiéramos ser salvos del pecado aquí. ¿Qué hay de la vida ABUNDANTE de la que habla el evangelio? ¿Dónde está eso en este "evangelio"?

Mito 4:

En el evangelio de la religión, siempre hay un trasfondo, un sentido tácito de que Jesús y Dios tienen una relación de policía bueno/policía malo con nosotros. Jesús era el policía bueno tratando de salvarnos de la condenación eterna, y Dios era el policía malo, lleno de ira y castigo. De manera desviada, Dios Padre castigó y derramó su ira sobre su único hijo, a quien amaba. A menudo se describe a Dios como el juez estoico, justo y santo, mientras que Jesús es el cordero amable, amoroso y sacrificado.

¡EQUIVOCADO! Jesús es la representación EXACTA del Padre, como señalé en el Mito 2. No existe un complejo de policía bueno/policía malo en su relación. Además, Dios no derramó su ira sobre Jesús. ¡En cambio, Isaías 53 declara lo contrario!

> *Isaías 53:3-6 "Despreciado y desechado entre los hombres, varón de dolores, experimentado en quebranto; y como que escondimos de él el rostro, fue menospreciado, y no lo estimamos. Ciertamente llevó él nuestras enfermedades, y sufrió nuestros dolores; y nosotros le tuvimos por azotado, por herido de Dios abatido. Más él herido fue por nuestras rebeliones, molido por nuestros pecados; el castigo de nuestra paz fue sobre él, y por su llaga fuimos nosotros curados. Todos nosotros nos descarriamos como ovejas, cada cual se apartó por su camino; más Jehová cargó en él el pecado de todos nosotros". [énfasis mío]*

Este es un pasaje tan increíble. "...le tuvimos por azotado de Dios, herido y abatido...". No se menciona la ira de Dios derramada sobre Jesús en este pasaje ni en ningún otro lugar que pueda encontrar. La única ira que podemos extraer de este pasaje es la ira en NUESTROS corazones que estaban cegados por el pecado. NOSOTROS despreciamos y rechazamos a Jesús. Lo golpeamos y lo atormentamos y luego afirmamos que DIOS era el que se lo estaba haciendo a Jesús. Lo que Dios estaba haciendo en realidad era poner todas las consecuencias del pecado sobre Jesús. "...Jehová cargó en él el pecado de todos nosotros." ¡Dios no derramó Su ira sobre Jesús que venía a salvar la creación (que ambos amaban profundamente)! A elección y sumisión de Jesús, Yahweh le dio a Jesús todo el peso del pecado PARA QUE Jesús pudiera imponer su poder sobre nosotros. No hubiera sido correcto que Jesús decidiera pecar porque Él habría estado sujeto a ello. En cambio, Jesús se mantuvo rendido al Padre en todo momento. Es por esto que el Padre tenía que ser el que pusiera sobre Él la consecuencia del pecado.

"Más él herido fue por nuestras rebeliones, molido por nuestros pecados; el castigo de nuestra paz fue sobre él..."

La palabra "por" en este pasaje es una mala traducción. Al estudiar hebreo en contexto, se traduciría con mayor precisión como "debido a". "Él fue herido A CAUSA de nuestras rebeliones... A CAUSA de nuestros pecados..." Fuimos NOSOTROS los que aplastamos y golpeamos a Jesús. ERA un castigo, pero no era un castigo de Dios a Jesús. Fue "debido a" que nuestros corazones estaban cegados por el pecado que NOSOTROS castigamos a Jesús para apaciguar nuestros propios corazones airados. NOSOTROS odiábamos la Verdad. NOSOTROS le despreciamos. NOSOTROS le rechazamos... todo por la muerte y la ceguera en que estábamos envueltos. Yahweh no desea castigo. Él no es un Dios que quiere que suframos porque rompimos las reglas. ¿Él disciplina? Sí, por supuesto que lo hace. La disciplina es lo que todo buen padre hace para EMPODERAR a su hijo a tomar mejores decisiones. Sin disciplina, no puede haber madurez. Así que, es la bondad de un padre disciplinar a su hijo para ayudarle a crecer para que pueda ser un adulto poderoso. La disciplina es muy diferente al castigo y al sufrimiento. El sufrimiento viene de Satanás. ¡Satanás nos hace sufrir en el pecado y luego nos engaña haciéndonos creer que Dios lo hizo! Satanás usa a Dios como chivo expiatorio y trata de convencernos de que el Padre es el tipo de Dios que está lleno de ira y hace sufrir a los pecadores.

Es de vital importancia ver que el pecado nos castiga a nosotros, no a Dios. El pecado causa la separación, no Dios. NOSOTROS volteamos nuestro rostro, no Dios. Cegados por el pecado, NOSOTROS derramamos nuestra ira sobre Jesús, no Dios. Y luego culpamos a Dios por lo que le hicimos a Jesús en la cruz. Y mientras derramábamos nuestro quebrantamiento y muerte sobre Jesús, Él tomó todo y dijo: "Voy a usar esto para tu sanidad y restauración. Tomaré todo esto y cambiaré mi vida por la tuya para que puedas ser libre". Es la cosa más bella y poderosa de todo el universo. Y el pecado y la muerte no pudieron detenerlo.

Mito 5:

Esta vida se trata de esperar nuestro tiempo en la tierra hasta que podamos escapar a través de la muerte o hasta que Jesús regrese y nos salve de la horrible.

El escapismo es el trasfondo en el evangelio de la religión que te anima a esperar el momento oportuno hasta que puedas escapar de este terrible mundo e ir al Cielo. Tus ojos miran con ansias al Cielo, esperando el día en que "finalmente dejarás de sentir dolor". ¡Este concepto es totalmente al revés! A Adán y Eva no se les dijo que esperaran su momento en el jardín. Fueron llamados a transformar toda la tierra para que se pareciera al jardín. Su trabajo era traer el Cielo a la tierra y reinar como Jesús sobre la tierra. ¡Morir nunca formó parte del cuadro y tampoco escapar al Cielo! Y el mensaje no cambió cuando en la venida de Jesús. Jesús NUNCA mencionó morir e ir al Cielo. YA estamos sentados en el Cielo cuando elegimos a Jesús (más sobre eso más adelante). ¡Y estamos llamados a traer el Cielo a la Tierra, siendo sal y luz en este mundo! Escapar de la tierra nunca fue el plan y, sin embargo, de alguna manera el escapismo se ha convertido en el evangelio de la religión.

Mito 6:

Si te esfuerzas lo suficiente, llegarás a algún nivel espiritual y tal vez obtengas la aprobación de Dios por un momento. Hay objetivos espirituales por los que debemos esforzarnos, y tal vez con mucho trabajo, finalmente "llegaremos".

El arribismo es el trasfondo del evangelio de la religión que promete "un día llegarás allí". El arribismo tiene metas falsas. Por ejemplo, "Seré un cristiano maduro cuando levante a alguien de entre los muertos". Esto fue literalmente lo que pensé, que habría tenido éxito en algún nivel de espiritualidad cuando resucité a alguien de entre los muertos. Si piensas que en algún momento vas a "llegar" en tu caminar con el Señor, entonces te han engañado. El punto del viaje es el viaje. No se trata de llegar al Cielo un día, ya estás allí. No se trata de llegar a algún nivel espiritual, SIEMPRE hay más para aprender y crecer. Yahweh es infinito. Nunca podremos y nunca "llegaremos". Todo el punto del evangelio, en el que estamos a punto de sumergirnos, es relacional. En una relación no se trata de "llegar". Se trata de vivir cada momento juntos a través de las estaciones y las edades. Lo único a lo que pudieras "llegar" sucedió en el momento en que elegiste a Jesús. Ya llegaste porque te uniste a la danza del amor con Jesús por toda la eternidad.

Hay mucha más evidencia de lo desviado del evangelio de la religión. Espero que comiences a cuestionar lo que te enseñaron y busques lo que la Biblia realmente dice. La religión trae muerte, y se ha infiltrado en la iglesia. Es hora de dejar las cosas claras y establecer una buena base.

Así es como resumiría a grandes rasgos las buenas nuevas según la Biblia:

Padre, Hijo y Espíritu Santo estaban en una unión feliz, abundante y perfecta antes del tiempo y el espacio. Los griegos lo llamaron pericoresis. Pericoresis es una danza de perfecta unión y sincronización donde los bailarines parecen ser uno. ASÍ es como los griegos pudieron explicar la Deidad: tres en uno en perfecta armonía. Y fue en esa armonía que el Padre, Jesús y el Espíritu Santo decidieron que querían expandir la familia. Así que crearon todo a partir de ese deseo.

> *Efesios 1:4-5 "según nos escogió en él antes de Los Fundamentos del mundo, para que fuésemos santos y sin mancha delante de él, en amor habiéndonos predestinado para ser adoptados hijos suyos por medio de Jesucristo, según el puro afecto de su voluntad,"*

> *Juan 1:1-4 "En el principio era el Verbo, y el Verbo era con Dios, y el Verbo era Dios. Este era en el principio con Dios. Todas las cosas por él fueron*

hechas, y sin él nada de lo que ha sido hecho, fue hecho. En él estaba la vida, y la vida era la luz de los hombres."

Ellos crearon a la humanidad a su propia imagen. Al hombre se le dio la tierra para gobernar y reinar para que pudiera transformar toda la tierra para que se pareciera al cielo (el modelo de Edén).

Génesis 1:26-28 "Entonces dijo Dios: Hagamos al hombre a nuestra imagen, conforme a nuestra semejanza; y señoree en los peces del mar, en las aves de los cielos, en las bestias, en toda la tierra, y en todo animal que se arrastra sobre la tierra. Y creó Dios al hombre a su imagen, a imagen de Dios lo creó; varón y hembra los creó. Y los bendijo Dios, y les dijo: Fructificad y multiplicaos; llenad la tierra, y sojuzgadla, y señoread en los peces del mar, en las aves de los cielos, y en todas las bestias que se mueven sobre la tierra."

Al hombre también se le dio libre albedrío porque el libre albedrío es la única forma de tener amor verdadero. Si el hombre fuera un robot, ninguna de las elecciones del hombre sería genuina. Dios quería que niños libres pudieran elegir lo que quisiesen. Y con esa libertad, Adán y Eva optaron por no seguir los caminos de Dios. Comieron del árbol del conocimiento del bien y del mal. Sus ojos fueron abiertos al bien y al mal, al juicio y al pecado. Se juzgaron a sí mismos y se escondieron porque se sintieron indignos. El pecado SÍ trae muerte y separación, PERO es porque nos separamos de Dios. Y cualquier separación de Dios equivale a la muerte. Todo el concepto del pecado se presenta de manera diferente en la Biblia que en la forma en que me enseñaron:

2 Corintios 5:19 "que Dios estaba en Cristo reconciliando consigo al mundo, no tomándoles en cuenta a los hombres sus pecados, y nos encargó a nosotros la palabra de la reconciliación."

> Juan 3:17 "Porque no envió Dios a su Hijo al mundo para condenar al mundo, sino para que el mundo sea salvo por él."

Después de que pecaron, YAHWEH TODAVÍA VINO AL JARDÍN. Y Yahweh no vino con ira y relámpagos. Dios vino a caminar con Adán, y ADÁN se escondió de Dios. Dios no NECESITA sangre para ser apaciguado. Nunca se ha tratado de sacrificios o sangre para tratar de agradar a Dios y someter Su ira. ¡Incluso el Rey David entendió eso en el Antiguo Testamento ANTES de que Jesús viniera! Nunca se ha tratado de holocaustos; siempre ha sido sobre nuestros corazones.

> Salmo 51:16 "Porque no quieres sacrificio, que yo lo daría; No quieres holocausto."

El pecado es un gran problema, pero es un gran problema por lo que nos hace, no porque sea un problema de juicio. El pecado es un gran problema porque nos alejamos de Yahweh, no al revés. Jesús vino por los perdidos, los ciegos y los enfermos. Él vino a salvarnos de nuestros pecados y de la muerte para que pudiéramos ser hechos nuevas criaturas y ser llamados hijos de Dios. Yahweh cargó los pecados del mundo sobre Jesús, pero eso es algo muy diferente a que Dios derrame Su ira sobre Jesús. La Biblia dice que NOSOTROS fuimos los que tratamos de matarlo, no la ira de Dios. El pecado nos ciega y nos ata en una trampa adhesiva. Debido a corazones llenos de pecado, odiábamos a Jesús cuando estuvo en la tierra. Ese odio se convirtió en un corazón asesino que trató de matar a Jesús. Luego, para colmo, ¡culpamos a Yahweh por lo que NOSOTROS le hicimos a Jesús! ¡Aún más loco, Isaías dijo que todo esto sucedería ANTES de que Jesús viniera!

> Isaías 53:3-6 "Despreciado y desechado entre los hombres, varón de dolores, experimentado en quebranto; y como que escondimos de él el rostro, fue menospreciado, y no lo estimamos. Ciertamente llevó él nuestras enfermedades, y sufrió nuestros dolores; y nosotros le tuvimos

por azotado, por herido de Dios y abatido. Mas él herido fue por nuestras rebeliones, molido por nuestros pecados; el castigo de nuestra paz fue sobre él, y por su llaga fuimos nosotros curados. Todos nosotros nos descarriamos como ovejas, cada cual se apartó por su camino; más Jehová cargó en él el pecado de todos nosotros."

2 Corintios 5:21 "Al que no conoció pecado, por nosotros lo hizo pecado, para que nosotros fuésemos hechos justicia de Dios en él."

Jesús no pudo simplemente quitar nuestro pecado. Simplemente volveríamos a pecar en nuestra debilidad. Necesitábamos una transformación total, no solo borrar la pizarra. Cuando creemos en Jesús, nos convertimos en una nueva creación, de humanos a hijos de Dios. Cambiamos de especie para siempre; no hay manera de volver atrás. A partir de ese momento, ya no somos humanos y somos extraños a este mundo. Ya no esclavos, sino santos. Literalmente UNO con Dios mismo. Somos co-crucificados y co-resucitados con Jesús. Y PODREMOS pecar, pero si lo hacemos, ya no es nuestra identidad. Un rey puede actuar como un mendigo, pero eso no altera su verdadera identidad como rey. Nuestra identidad ha cambiado para siempre y por completo gracias a Cristo. Punto. No hay nada que podamos hacer para agregar o deshacer lo que Jesús ha hecho. Somos similares a Jesús en nuestra capacidad y en cómo el Padre nos ve y nos ama.

2 Corintios 5:16-18 "De manera que nosotros de aquí en adelante a nadie conocemos según la carne; y aun si a Cristo conocimos según la carne, ya no lo conocemos así. De modo que si alguno está en Cristo, nueva criatura es; las cosas viejas pasaron; he aquí todas son hechas nuevas. Y todo esto proviene de Dios, quien nos reconcilió consigo mismo por Cristo, y nos dio el ministerio de la reconciliación;"

1 Corintios 6:17 "Pero el que se une al Señor, un espíritu es con él."

Ezequiel 36:26 "Os daré corazón nuevo, y pondré espíritu nuevo dentro de vosotros; y quitaré de vuestra carne el corazón de piedra, y os daré un corazón de carne."

1 Juan 4:17 "...pues como él es, así somos nosotros en este mundo." (Nota: este versículo está escrito después de la ascensión de Jesús, por lo que se refiere a cómo es ÉL AHORA)

Efesios 2:6 "y juntamente con él nos resucitó, y asimismo nos hizo sentar en los lugares celestiales con Cristo Jesús".

Así que ahora, teniendo esta nueva identidad EN Cristo, uno con Él, ¿cuál es el final del juego? ¿Cuál es el punto? Si no estamos esperando morir hasta que podamos ir al cielo para sentarnos en las nubes con Jesús, ¿de qué se trata todo esto? Dios no necesita nuestro dinero. Él no necesita mano de obra esclava. Él tampoco necesita nuestra adoración. Dios no NECESITA nada en realidad.

Él quería una familia, y le dio gran placer formar una familia. Y ser parte de la familia de Dios es lo MEJOR que existe. La alegría, la paz, la vida, el descanso, la aventura, la DIVERSIÓN... ¡es todo tan increíble! Las buenas nuevas del evangelio son BUENAS. Estamos invitados a unirnos a la danza del amor eterno con Yahweh mismo. Los mandamientos en la Biblia describen quienes ya somos. TODOS los mandatos en la Biblia son "llegar a", no "tener que". Son mandamientos destinados a ser realizados junto con Jesús. Cuando nos volvemos UNO con Jesús, nos convertimos en la encarnación del Amor mismo. Somos amor. La ley se cumplió en Jesús, y ahora NO hay condenación.

Romanos 8:1-4 "Ahora, pues, ninguna condenación

hay para los que están en Cristo Jesús, los que no andan conforme a la carne, sino conforme al Espíritu. Porque la ley del Espíritu de vida en Cristo Jesús me ha librado de la ley del pecado y de la muerte. Porque lo que era imposible para la ley, por cuanto era débil por la carne, Dios, enviando a su Hijo en semejanza de carne de pecado y a causa del pecado, condenó al pecado en la carne; para que la justicia de la ley se cumpliese en nosotros, que no andamos conforme a la carne, sino conforme al Espíritu."

1 Corintios 10:23 (AMP) "Todo me es lícito [es decir, moralmente legítimo, permisible], pero no todo conviene; todo es lícito, pero no todo edifica [para el carácter y la vida espiritual]".

Tenemos el mejor trato y oportunidad en todo el universo. ¡Somos un espíritu con Él en perfecta unión y bienaventuranza! Traemos el Cielo y el ministerio de la reconciliación a donde quiera que vayamos. La creación está esperando ansiosamente que la liberemos de la maldición del pecado. Todo lo que hacemos puede fluir de la amistad y descansar en unidad con Jesús. No estamos esperando morir para poder escapar al Cielo. La vida eterna comenzó en el momento en que elegimos a Jesús. Estamos en la eternidad AHORA, y Dios nos ha encomendado como embajadores que transformemos toda la tierra para que se parezca a nuestro hogar: ¡el Cielo! Hay una alternativa al dolor, la enfermedad y la muerte. ¡Esa ES una buena noticia!

Capítulo Dos

NUESTRA NUEVA IDENTIDAD

Entonces, ¿quiénes somos si no somos lo que nos dice la religión? ¿Te das cuenta de que Jesús nunca nos llamó "cristianos"? Nuestra identidad pasó de ser humano a ser un "Hijo de Dios". Como seres humanos, teníamos un corazón de piedra, estábamos perdidos, ciegos y éramos rebeldes ante las cosas de Dios. El viejo hombre se ha ido ahora, para nunca volver de nuevo. Somos NUEVAS creaciones, una nueva clase de ser (hijo de Dios) que es UNO con Jesús Mismo. El término "cristiano" es una etiqueta que nos fue dada por los incrédulos en Antioquía (Hechos 11:26). La institución mundial no tenía una casilla para la nueva clase de ser que éramos, así que nos llamó "cristianos". Lo que una vez fue acerca de la relación (ser un hijo de Dios) poco a poco se centró en cumplir con las acciones y deberes de un "cristiano." La institución de la religión se coló e hizo que cumplir cosas fuera más importante que hacer crecer la RELACIÓN para la que fuimos creados.

Por eso ser "cristiano" puede ser una trampa. Sí, una trampa. Lo que es y cómo se debería ver un "cristiano" cambia <u>drásticamente</u> de una iglesia a otra (y de una cultura a otra). Por ejemplo, algunas iglesias dicen que para ser un "buen cristiano", debemos cantar y bailar en la alabanza. Pero la iglesia de enfrente dice que los "buenos cristianos" deben sentarse y ser reverentes en el culto. Entonces, ¿cuál es la correcta? <u>Ninguna de las dos.</u> Jesús es el mismo ayer, hoy y siempre. Su intención siempre ha sido relacionarse con nosotros, no comprometerse con nosotros por lo que podemos hacer o darle. En el jardín, Él era relacional.

En la carne, fue relacional, y hasta el día de hoy, Jesús quiere UNA RELACIÓN. Los propios discípulos mismos querían saber cómo HACER las cosas de Dios. Estaban acostumbrados a instituciones religiosas que exigen servicio y acciones, así que le preguntaron a Jesús cómo podían adherirse a las exigencias que ellos pensaban que existían. Y esta fue Su respuesta...

> Juan 6:28-29 *"Entonces le dijeron: ¿Qué debemos hacer para poner en práctica las obras de Dios? Respondió Jesús y les dijo: Esta es la obra de Dios, que creáis en el que él ha enviado."*

"Creáis en el que ha enviado". Los discípulos pedían exigencias religiosas. En cambio, Jesús les dijo que comprometieran sus corazones. Nuestra nueva identidad no gira en torno a las acciones y el hacer. Somos HIJOS del Altísimo, ante todo. (¡Después de desarrollar quiénes somos, naturalmente actuaremos en nuestra verdadera naturaleza y traeremos el Cielo a la Tierra en todo lo que hagamos!) Una manera fácil de diferenciar entre religión y relación es esta: la religión se preocupa por la apariencia externa, pero la relación con Dios ve el corazón. Ahora, exploremos algunos versículos que desmantelan lo que la religión ha dicho y veamos lo que la Biblia realmente dice sobre nosotros. Léelos despacio y medítalos...

Dios nos hizo y nos llama BUENOS, no miserables:

> Génesis 1:31 *"Y vio Dios todo lo que había hecho, y he aquí que <u>era bueno</u> en gran manera. Y fue la tarde y la mañana el día sexto."*

> Efesios 1:4-5 *"según nos <u>escogió</u> en él antes de Los Fundamentos del mundo, para que fuésemos santos y sin mancha delante de él, <u>en amor</u> habiéndonos predestinado para ser adoptados hijos suyos por medio de Jesucristo, según el puro afecto de su voluntad,"* [Énfasis mío]

Génesis 1:27 "Y los bendijo Dios, y les dijo: Fructificad y multiplicaos; llenad la tierra, y sojuzgadla, y señoread en los peces del mar, en las aves de los cielos, y en todas las bestias que se mueven sobre la tierra."

Salmo 139:14 "Te alabaré; porque formidables, maravillosas son tus obras; Estoy maravillado, Y mi alma lo sabe muy bien."

Efesios 2:10 "Porque somos hechura suya, creados en Cristo Jesús para buenas obras, las cuales Dios preparó de antemano para que anduviésemos en ellas."

Nota: Yahweh no crea miserables ni cosas rotas. Todo lo que Él crea es BUENO, AGRADABLE, HERMOSO e INTENCIONAL.

Estábamos perdidos y ciegos:

Efesios 2:13 "Pero ahora en Cristo Jesús, vosotros que en otro tiempo estabais lejos, habéis sido hechos cercanos por la sangre de Cristo." [Énfasis mío]

Efesios 5:8 "Porque en otro tiempo erais tinieblas, mas ahora sois luz en el Señor; andad como hijos de luz." [Énfasis mío]

Efesios 4:22-24 "En cuanto a la pasada manera de vivir, despojaos del viejo hombre, que está viciado conforme a los deseos engañosos, y renovaos en el espíritu de vuestra mente, y vestíos del nuevo hombre, creado según Dios en la justicia y santidad de la verdad."

Ezequiel 36:26 (BSB) "Os daré corazón nuevo, y pondré espíritu nuevo dentro de vosotros; y quitaré de vuestra carne el corazón de piedra, y os daré un corazón de carne." [Énfasis mío. También, nótese que este verso dice "daré" porque era una promesa del Antiguo Testamento de lo que Jesús iba a hacer y es ahora ¡en lo que caminamos!]

Romanos 5:8 "Mas Dios muestra su amor para con nosotros, en que <u>siendo aún</u> pecadores, Cristo murió por nosotros." [Énfasis mío]

Nota: Estábamos perdidos, ciegos y enfermos. Pero eso no es para lo que Dios nos creó para ser y no es lo que somos una vez que elegimos a Jesús.

Somos ahora:

Gálatas 3:26 "pues todos <u>sois</u> hijos de Dios por la fe en Cristo Jesús;" [Énfasis mío]

Gálatas 3:28 "Ya no hay judío ni griego; no hay esclavo ni libre; no hay varón ni mujer; porque todos vosotros sois <u>uno</u> en Cristo Jesús." [Énfasis mío]

Juan 15:15 "Ya no os llamaré siervos, porque el siervo no sabe lo que hace su señor; pero os he <u>llamado</u> amigos, porque todas las cosas que oí de mi Padre, os las he dado a conocer." [Énfasis mío]

1 Pedro 2:9 "Mas vosotros <u>sois</u> linaje escogido, real sacerdocio, nación santa, pueblo adquirido por Dios, para que anunciéis las virtudes de aquel que os llamó de las tinieblas a su luz admirable;" [Énfasis mío]

1 Corintios 12:27 "Vosotros, pues, <u>sois</u> el cuerpo de Cristo, y miembros cada uno en particular." [Énfasis mío]

1 Corintios 6:17 "Pero el que se une al Señor, un espíritu es con él."

1 Juan 3:1 "Mirad cuál amor nos ha dado el Padre, para que <u>seamos</u> llamados hijos de Dios; por esto el mundo no nos conoce, porque no le conoció a él." [Énfasis mío]

Efesios 2:19 "Así que ya no *sois* extranjeros ni advenedizos, sino conciudadanos de los santos, y miembros de la familia de Dios," [Énfasis mío]

1 Juan 4:17 En esto se ha perfeccionado el amor en nosotros, para que tengamos confianza en el día del juicio; pues como él es, *así somos nosotros en este mundo.*" [Énfasis mío]

Tenemos:

1 Corintios 2:16 "Porque ¿quién conoció la mente del Señor? ¿Quién le instruirá? *Mas nosotros tenemos la mente de Cristo.*" [Énfasis mío]

1 Pedro 2:24 "quien llevó él mismo nuestros pecados en su cuerpo sobre el madero, para que nosotros, estando muertos a los pecados, vivamos a la justicia; y por cuya herida fuisteis *sanados*." [Énfasis mío]

Efesios 2:6 "y juntamente con él *nos resucitó*, y asimismo nos *hizo sentar* en los lugares celestiales con Cristo Jesús," [Énfasis mío]

Efesios 1:3 "Bendito sea el Dios y Padre de nuestro Señor Jesucristo, que nos *bendijo* con *toda bendición espiritual en los lugares celestiales* en Cristo*,*" [Énfasis mío]

Nota: Nótese el tiempo pasado en estos versículos. Está hecho. No por tu poder o por tus buenas obras, sino que se te es dado libre y plenamente.

¡Estos versículos están hablando de nosotros! ¡Describen y explican quiénes SOMOS! Nuestra verdadera identidad como hijos de Dios fue decidida y pagada desde los cimientos de la tierra. No cambia incluso en medio de malas elecciones y acciones. Un hijo es un hijo independientemente de cómo actúe. Si un niño actúa como un gato, ¿cambia eso la identidad del niño en un gato? Obviamente que no. Nuestras acciones no pueden cambiar lo que somos. El plan de redención de Jesús es más grande que cualquier acción o error que podamos cometer.

Espero que de verdad te tomes tu tiempo para meditar en los versículos de este capítulo. Léelos una y otra vez hasta que tu corazón los crea. Te sugiero que le preguntes a Jesús sobre cada uno de ellos. Pídele que te diga qué significan y cómo se aplican a tu vida. La Palabra está llena de versículos que exponen claramente el evangelio y quiénes somos. Oro para que cuestiones lo que la religión te ha enseñado. La religión es enemiga, mentirosa y ladrona. Hay mucho más para nosotros de lo que estamos viendo. ¡El evangelio no es aburrido, y definitivamente no necesitamos esperar a morir para experimentar VIDA ABUNDANTE! Cuando tenemos hambre de la vida abundante que ya tenemos, ese es el comienzo de nuestro viaje de transformación.

Capítulo Tres

EL PROCESO DE TRANSFORMACIÓN

Entonces, somos salvos. Elegimos a Jesús, y ahora somos uno con Él. TANTO ha cambiado... pero no todo ha cambiado. Todavía nos sentimos ofendidos, deprimidos o asustados, pero ¿cómo? Si Jesús no tiene miedo ni se ofende, y somos uno con Él, entonces, ¿qué está pasando? La mitad del Nuevo Testamento dice cosas como "Consumado es"; "somos nuevas creaciones", o "estamos sentados en lugares Celestiales". Luego la otra mitad hace parecer que no se lleva a cabo en versículos como "llevad cautivos vuestros pensamientos"; "esfuérzate por entrar en Su reposo", o "renueva tu mente para que transformes tu vida". Entonces, ¿se hace o no se hace? ¿Está terminado o tenemos que hacer algo? ESA es la pregunta que responderemos en este capítulo.

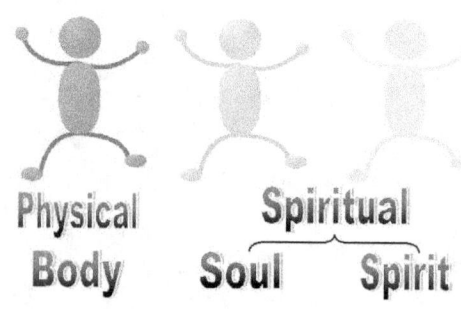

Somos seres de tres partes y multidimensionales. Una parte es visible (nuestro cuerpo), una parte es parcialmente visible (nuestra alma) y una parte es invisible (nuestro espíritu). Las almas se pueden medir en forma de electricidad, por eso las considero parcialmente visibles. Estas tres partes conforman nuestro ser, independientemente de nuestra comprensión de su realidad, función y proceso.

Nuestro cuerpo es la parte más fácil de describir. Es la parte de nosotros con la que estamos más familiarizados y es la parte de la que somos regularmente conscientes. Nuestro cuerpo nos permite ser las manos y la voz del Cielo o del Infierno en esta tierra. La mayor parte de nuestra vida cognitiva la pasamos enfocándonos demasiado en nuestro cuerpo que existe en la tercera dimensión. Aunque nuestro espíritu y nuestra alma son una parte tan importante de nosotros, la mayoría de las personas no los conocen. Es por eso que somos tan agradables al enemigo y sus planes, porque sus tácticas apuntan a nuestras almas.

Nuestro espíritu es nuestro cuerpo viviente en el mundo de los espíritus. No puede ser deshabilitado o dañado, y como creyente, es la parte de nosotros que es UN SOLO espíritu con Jesús. ¡En el momento en que elegimos a Jesús, nuestro espíritu cambió para siempre al unirse con Dios mismo en un baile de amor eterno! Todos los versículos mencionados en el último capítulo explican la realidad que ya está en nuestro espíritu. Está terminado. SOMOS una nueva creación y estamos sentados en lugares Celestiales. Las secciones "Tenemos" y "Somos" en el capítulo 2 son la realidad actual en la que vive nuestro espíritu ahora con Jesús.

Ahora el ALMA. El alma es la conexión entre nuestro cuerpo y nuestro espíritu, ¡es el puente entre dos dimensiones! El alma es también la parte de nosotros que es nuestro libre albedrío, pensamientos y emociones. Cuando nacemos, nuestra alma es la que manda. Nuestro destino, y la realidad en la que caminamos, se decide por las creencias de nuestra alma. El alma es la parte de la que NOSOTROS somos responsables en el proceso de transformación porque es donde está nuestro libre albedrío. Lo explicaré. En el momento en que fuimos salvos, nuestro espíritu se convirtió en UN espíritu con Cristo. Cambiamos de identidad permanentemente. Éramos impotentes para salvarnos a nosotros mismos. Necesitábamos un salvador y una transformación total. ¡Y Jesús nos salvó! Tenemos la mejor oferta en todo el universo:

¡Ser UN espíritu con Dios mismo y unirnos a la danza de amor eterno! <u>Pero Dios seguía sin querer robots. De alguna manera Jesús tuvo que preservar nuestro libre albedrío</u>. Entonces, Jesús ofrece hacerse uno con nosotros y darnos Su propio Espíritu, y eso nos empodera con todo lo que necesitamos. Nuestra unidad con Cristo es nuestra abundancia, nuestra plenitud, nuestra victoria, nuestra fuerza y nuestra ancla. Entonces, Jesús nos SALVÓ y nos fortalece en espíritu mientras que al mismo tiempo preservó nuestro libre albedrío en <u>nuestras almas</u>. Así que ahora, JESÚS nos da poder en nuestro espíritu para hacer todas las cosas, PERO es nuestra elección elegir en cada momento en cada área de nuestras almas. Es realmente brillante cómo Jesús nos salvó mientras preservaba nuestro libre albedrío.

Entonces, ¡los versículos mencionados en el último capítulo son 100% ciertos! ¡Mientras que, al MISMO tiempo, estos versículos también son 100% relevantes!

- *"...llevamos cautivo todo pensamiento a la obediencia de Cristo..." 2 Corintios 10:5*

- *"...sino transformaos por medio de la renovación de vuestro entendimiento..." Romanos 12:2*

- *O "...Procuremos, pues, entrar en aquel reposo..." Hebreos 4:11 (BSB)*

¡Nunca hay conflicto en las escrituras, solo necesitamos una revelación de lo que Dios está diciendo! ¡Él es tan grande y tan bueno como para poder salvarnos y empoderarnos totalmente y al mismo tiempo preservar nuestro libre albedrío! Cuando renovamos nuestras mentes, es cuando el poder de ser uno con Jesús en nuestro espíritu fluye de nuestra alma y cuerpo. Renovar nuestra mente es cuando cambiamos la forma en que pensamos y vemos la vida desde una perspectiva humana a una perspectiva de hijo de Dios.

Ya hay poder en nuestro espíritu. La clave es nuestra alma. Nuestra alma decide si va a estar de acuerdo con el poder y la realidad de nuestro espíritu o si estará de acuerdo con el dolor y el mensaje del pensamiento humano. Cuanto más esté de acuerdo su alma con lo que se hace en nuestro espíritu, más se transformarán nuestra alma y nuestro cuerpo por la vida que ya está allí. El trauma, el dolor y creer mentiras afectan nuestra alma como las bacterias infectan una herida. El dolor no sanado siempre comenzará a infectar nuestra alma y luego impactará nuestro cuerpo físico. ¡La Dra. Caroline Leaf ha podido demostrar científicamente que nuestro cerebro físico se sincroniza con nuestra alma 6 veces por minuto! Esta sincronización alinea nuestro cuerpo físico con lo que el alma cree, piensa y siente. El cerebro libera químicos curativos o destructores en nuestros cuerpos en función de la salud de nuestra alma.

Imagina que el alma es como un bien inmueble. Cuando tu alma está gravemente herida, el quebrantamiento y el dolor ocupan parte de los bienes inmuebles de tu alma. Esto significa que el dolor tiene un gran poder en cómo percibimos y respondemos a la vida que nos rodea. Si la mayor parte de los bienes raíces de nuestro corazón cree mentiras y sufre, entonces el dolor y el quebrantamiento rezumarán. Pero si la mayor parte de nuestro corazón es sanado y cree en la verdad, entonces actuaremos como el espíritu vivificante que ya somos. No reaccionaremos al mundo que nos rodea, sino que tendremos un impacto poderoso y cambiaremos las cosas en el mundo para que se parezcan al cielo.

Simplemente, todo se reduce a esto: Dios constantemente dice una cosa mientras que Satanás dice lo contrario. Y nosotros estamos en el medio, decidiendo a quién le vamos a creer. Inconscientemente, estamos decidiendo a quién le vamos a creer momento a momento. Te desafío a que prestes atención a tus pensamientos y seas intencional con quién estás de acuerdo. Si Satanás puede lograr que estemos de acuerdo con sus mentiras, puede influir en nuestros pensamientos, voluntad, emociones y acciones incluso después de que seamos salvos. Cuanto más creemos lo que Dios dice, más se transforma nuestra vida por la vida abundante que YA existe en nuestro espíritu que es uno con Jesús. Tenemos todo lo que Jesús tiene: paz perfecta, una solución para todo, plenitud (el paso más allá de la sanidad), sabiduría más allá de las edades, provisión ilimitada, ¡y mucho más! Ya está hecho en nuestro espíritu; nuestra alma es la que tenemos que convencer. Y ese convencimiento comienza como una FE ciega.

Sin embargo, elegir tener fe es más difícil de lo que parece. Para un alma rota y herida, la Verdad suena extraña e incluso ofensiva. Se requiere fe para elegir creer en algo para lo que ni siquiera tenemos una cuadrícula. Nuestra alma recuerda el pasado y el dolor de este mundo roto. Nuestra alma SIENTE que las mentiras de vergüenza o rechazo están justificadas. Nuestra alma SIENTE que las mentiras de una mentalidad de pobreza son ciertas. Nuestra alma SIENTE que el control y los muros son útiles y buenos para protegernos de más dolor. Pero nuestra alma está equivocada. Completamente equivocada. Nuestra alma está tratando de dar sentido a un mundo roto y las mentiras del enemigo tienen "sentido" cuando estamos en dolor y ciegos.

Renovar la mente es simple de explicar pero difícil de llevar a cabo. Si liberarse de nuestro dolor y ataduras fuera fácil, entonces todos lo estarían haciendo. Nadie QUIERE vivir con dolor, pero la mayoría de gente se siente demasiado cómoda o tiene miedo de enfrentar su dolor. ESA es la parte difícil. Para ser libres y sanados, debemos enfrentar nuestros mayores tormentos con fe ciega en que Jesús es lo suficientemente grande como para manejar a todos y cada uno. Es increíblemente duro y hasta aterrador enfrentar nuestro dolor y nuestros demonios. Lo sé porque he estado allí muchas veces de muchas maneras diferentes. ¡PERO puedo decirte que permitir que Jesús sane nuestras heridas más profundas siempre vale la pena y el miedo de enfrentarlas! Jesús ES lo suficientemente grande y Él es quien dice ser. Estar del otro lado del dolor y ver la libertad y la vida que está disponible para mí, valió absolutamente la pena de enfrentar mi dolor y miedo.

He soportado abuso sexual. He experimentado un aborto espontáneo y otra gran pérdida. Pasé años lidiando con terrores nocturnos, rechazo, traición y gran angustia de muchos tipos. Tuve un colapso psiquiátrico total y tuve desencadenantes tanto físicos como emocionales. Sentí que había estado en el infierno y había regresado varias veces, pero ¿sabes qué? Experimenté esas cosas, pero no las cargo ni sus cicatrices. NO soy una víctima y el dolor que una vez tuve NO es mi identidad. Comparto estas cosas para darle peso a lo que estoy escribiendo. Puedes estar completo. NADA que enfrentamos es mayor que la capacidad de Jesús para sanarnos y hacernos plenos. Y para ser completamente clara, una parte de ti YA está completa... tu alma aún no lo cree.

Jesús es pleno, y tú eres uno con Él. Jesús no está enfermo, así que tú has sido sanado. A Él no le falta nada, así que tú estás en abundancia en este momento. No hay oscuridad en Él, así que tú también estás lleno de luz y plenitud. Para un alma en dolor, estas declaraciones son <u>ofensivas</u> y <u>dolorosas</u> de leer. Pero si eliges superar esos sentimientos de ofensa y dolor, entonces puedes comenzar tu viaje de sanidad FUERA de la oscuridad y el dolor que sientes. La mayoría de las personas se detienen cuando sienten la ofensa y el dolor. Se retiran y quieren volver a poner el dolor en la caja en la que lo tenían antes de que se activara. Pero aquí está la cosa, <u>ese dolor ya estaba allí en esa magnitud</u> y seguirá estando allí hasta que te hagas cargo de él.

Los desencadenantes revelan realidades internas que alguna vez estuvieron contenidas; ¡siempre estuvo ahí o no nos habrían desencadenado! Entonces, por más desafiante que sea, ¡cada desencadenante es en realidad una preciosa invitación a la libertad! Las cosas que estaban enterradas profundamente, algunas de las cuales ni siquiera sabíamos que estaban escondidas en el sótano de nuestra alma, salen a la luz cuando nos sentimos provocados. Cada vez que esto sucede, si llevamos el desencadenante a Jesús, ¡entonces es una hermosa oportunidad para liberarnos del dolor que una vez estuvo oculto! Donde el enemigo quiso disparar y aplastarnos, ¡Jesús lo usa para nuestro avance y sanidad!

Este camino no es fácil, pero es posible gracias a Jesús. Es increíblemente difícil enfrentar nuestro dolor y elegir creer algo que es opuesto a nuestra experiencia. Se SIENTE como si el enemigo estuviera diciendo la verdad. Cuando empezamos este camino, lo que Jesús nos dice no tiene sentido porque nuestras almas están ciegas y sordas pues estamos en dolor. ¿Cómo puede haber suficiente cuando hemos visto tanta carencia? ¿Cómo puedo estar sano cuando todavía siento dolor? ¿Cómo puede haber gozo en lugar del luto? ¿Cómo miente el miedo? Satanás ha pasado toda nuestra vida tratando de convencernos de que sus mentiras son un hecho. No solo eso, sino que a menudo nuestro dolor nos engaña tanto que se convierte en nuestro amigo o consuelo. La depresión se siente como el amigo oscuro que siempre está ahí. El control o la ira son "ayudantes" para navegar en un mundo grande y aterrador. La pobreza nos "ayuda" a ser "sabios" con el dinero. La lista sigue y sigue.

Antes de Jesús, todo lo que hemos experimentado es quebrantamiento y dolor en este mundo. Desde nuestra concepción hemos conocido la carencia, el dolor y la enfermedad. Comemos, dormimos y lo respiramos a nuestro alrededor. Las personas quebrantadas tergiversaron el evangelio para dar sentido al dolor y al quebrantamiento del mundo. Creer lo que Jesús dice desafía todo lo que hemos conocido. Era más fácil tergiversar el evangelio que ser desafiado por nuestro dolor. Jesús dice que siempre hay suficiente. Jesús dice que somos sanos. Él dice que ya somos bendecidos con toda bendición espiritual, pero aún no hemos experimentado nada de eso. Cada verdad y concepto del Reino está más allá de este mundo natural. Lo que Jesús dice es lo contrario a las leyes "naturales" porque Él enseña y vive desde una realidad SUPERIOR... y nos está invitando a vivir en esa realidad superior con Él. Muchas personas se quedan atrapadas en sus almas después de ser salvas porque no están dispuestas o no saben cómo confiarle todo por completo a Jesús. Cuanto más elijamos creer lo que Jesús dice sobre las mentiras del enemigo, más sanidad y cosas sobrenaturales veremos.

En mi vida, me he enfrentado a un gran dolor. Algo de dolor lo enfrenté sin confiar en Jesús, y algo de dolor lo enfrenté creyendo lo que Él dice. Y la diferencia era asombrosa. Tuve mi parte de trauma y la llevé conmigo a todos lados. Su dolor supurante afectó cada área de mi vida hasta que encontré a Jesús por primera vez. Cuando comencé una relación personal con Jesús, ¡Él curó <u>retroactivamente</u> el dolor de mi pasado y todos sus efectos negativos! Su sanidad fue tan poderosa que incluso sanó los recuerdos del trauma. Ahora, cuando miro hacia atrás a esos recuerdos, todo lo que veo es a Jesús que me sonríe. Para hacer las cosas aún más increíbles, Jesús me enseñó cómo caminar a través del dolor CON Él. ¡Jesús es lo suficientemente grande para sanar momento a momento en tiempos dolorosos! En lugar de ser quebrantada por el mundo, yo estaba en el valle de la oscuridad con la Luz y la Sanidad Misma. Jesús no promete una vida fácil o sin dolor. De hecho, garantiza que habrá tiempos difíciles, especialmente para los creyentes. Pero en todo lo que enfrentamos, Él le da la vuelta y hace que todo resulte para bien. Él tiene una solución y es lo suficientemente grande para cada cosa que experimentamos. Para que podamos caminar por el valle de la oscuridad y no tener miedo, porque Él siempre está ahí, uno con nosotros, luchando por nosotros y llevando la Luz a los lugares más oscuros.

> Juan 16:33 "Estas cosas os he hablado para que en mí tengáis paz. En el mundo tendréis aflicción; pero confiad, yo he vencido al mundo."

Tanto Jesús como Satanás saben lo que sucedió en la resurrección. Se entiende claramente en el ámbito espiritual quiénes somos y lo que ya llevamos gracias a Jesús. Los únicos que lo averiguamos... somos nosotros. Y ESE es el viaje de la transformación. El camino es comenzar a elegir estar de acuerdo con lo que Jesús dice y lo que Él ya ha hecho. El viaje consiste en que finalmente decidamos que Satanás es un mentiroso y que todo lo que hace y dice es para destruirnos, y luego decidir que Jesús está diciendo la Verdad. Momento a momento nuestra alma tiene la libre elección de estar de acuerdo con las mentiras de Satanás o la verdad de Jesús. Y lo que elegimos creer en cada momento decide la realidad en la que vive nuestra alma y lo que sucede en el mundo que nos rodea. Es algo poderoso. De hecho, Jesús me dijo recientemente que no hay nada más poderoso en todo el universo que un "sí" para Jesús. Igualmente, no hay nada más destructivo que un "no" contra Él. En cada momento, decidimos en QUIÉN creeremos y luego afectamos al mundo que nos rodea en función de en quién estamos creyendo.

Entonces, ¿CÓMO podemos saber lo que cree nuestra alma? ¿Por dónde empezamos en este viaje de renovar nuestra mente? Hay lenguajes por los cuales nuestra alma se comunica que revelan lo que nuestra alma cree. Sin embargo, la mayoría de nosotros no reconocemos ni entendemos la comunicación de nuestra alma. Nuestro cuerpo físico, nuestra alma y nuestro espíritu se comunican con gran detalle. A continuación, hay una lista de formas en que el alma se comunica. A medida que aprendemos a comprender la comunicación de nuestra alma, podremos traerle cosas a Jesús para que Él las sane y les hable la Verdad.

El lenguaje del PENSAMIENTO

Nuestros pensamientos son los primeros en revelar lo que verdaderamente creemos en nuestros corazones. Nuestros pensamientos son poderosos y críticos para afectar nuestras vidas para bien o para mal. Hay un patrón:

> Nuestros pensamientos → se convierten en acción.
>
> Nuestras acciones → se convierten en un hábito.
>
> Nuestros hábitos → se convierten en nuestro destino.

Nuestros pensamientos afectan cada área de nuestras vidas Y el mundo que nos rodea. Nuestros pensamientos revelan las creencias fundamentales de nuestra alma y por eso se nos dice que llevemos cautivo TODO pensamiento y que obedezcamos a Cristo. ¡Es de vital importancia prestar atención a lo que pensamos!

El lenguaje de los SENTIMIENTOS

¡Nuestros sentimientos y emociones no son malas! Son indicadores dados por Dios de lo que está pasando en nuestras almas. Nuestros sentimientos y emociones son los termómetros que nos indican la salud de nuestra alma. El sentimiento no es el malo. Los sentimientos simplemente exponen cómo está nuestro corazón y con quién está de acuerdo. Si nos sentimos solos, por ejemplo, muestra que estamos creyendo la mentira de que estamos solos. También significa que no creemos que somos uno con Jesús y Yahweh en una danza eterna del Espíritu Santo.

El lenguaje de la ACCIÓN

Nuestras acciones también revelan lo que creemos. Cada vez que no actuamos como Jesús, revela una parte de nuestra alma que no camina en la salud y plenitud que Dios tiene para nosotros. Ya sea usando una sustancia para adormecer el dolor, rematando verbalmente o simplemente teniendo miedo de hablar frente a las personas. Bueno o malo, cada acción revela lo que nuestro corazón cree sobre sí mismo, Dios y el mundo que lo rodea.

Para ser transformados, debemos prestar atención al lenguaje de nuestra alma y cambiar nuestras creencias negativas. ¡El primer paso es prestar atención a lo que dice nuestra alma! Cuanto más estamos de acuerdo con lo que dice Jesús, más somos transformados. Una vez que decidamos que estamos listos para enfrentar nuestro dolor y elijamos superar la confrontación de sus mentiras, encontraremos a Jesús allí, lo suficientemente grande para cada desafío y lucha. SU fuerza es la que nos sostiene. ÉL lleva la carga. Simplemente estamos de acuerdo con Él y lo que Él ya ha hecho, ya que tenemos la intención de enfrentar nuestros miedos y dolores más profundos.

> Apocalipsis 3:20 "Yo estoy a la puerta y llamo, cualquiera que oye mi voz Y abra la puerta, entraré y tendré una _profunda y dichosa intimidad_ con él y Él conmigo". (Traducción del autor—explicada en el siguiente párrafo)

La mayoría de las traducciones usan la palabra "cenar" en lugar de "profunda y dichosa intimidad". ¡Pero la palabra griega que están traduciendo no significa comer carnalmente! La palabra griega "deipneo" implica una profunda y dichosa intimidad compartida entre mejores amigos o amantes. Y este versículo fue escrito para una IGLESIA establecida. ¡Este versículo e invitación a tener una intimidad profunda y dichosa fue para los CREYENTES! Incluso como creyente, muchas personas mantienen a Jesús fuera de las paredes de sus corazones. Jesús está llamando a la puerta de nuestra alma, esperando que no solo escuchemos Su voz, sino que ABRAMOS la puerta y lo dejemos entrar. Si elegimos hacerlo, será el mejor y más dichoso momento de todos, pero la elección está en nuestras manos. ¿Entonces qué vas a hacer? ¿Dejarás entrar a Jesús y lo elegirás sobre las mentiras y el dolor?

Capítulo Cuatro:

COMPROMETERSE CON YAHWEH

Ahora el CÓMO renovar nuestras mentes. La mente es una herramienta asombrosa que Dios ha creado con cuidado y habilidad para nosotros. Registra todo lo que sucede, tanto las cosas dolorosas como las alegres. Sorprendentemente, cuando renovamos nuestras mentes y dejamos que Jesús nos sane, incluso las cosas dolorosas de nuestro pasado pueden ser redimidas y sanadas de forma retroactiva, ¡físicamente como en nuestra alma! Hay varias maneras de renovar nuestras mentes y sanar, pero en este capítulo hablaré de mis formas favoritas.

Hay dos factores clave para entender la renovación de la mente.

1. Primero, renovar la mente NO es algo que puedas lograr solo con pensamientos. El conocimiento intelectual no ayuda ni puede ayudar a nuestra alma a sanar. El "saber" de cabeza algo sin realmente creerlo solo causa división y frustración en nuestra alma. La religión nos da conocimiento intelectual sin la revelación del corazón y es por eso que permanecemos sin cambios. Lo explicaré así, el cerebro toma decisiones y funciona en base a lo que ve en esta tercera dimensión. (Que,

por cierto, solo puedes VER alrededor del 1% del espectro de luz, por lo que hay MUCHO que no estás viendo). Tu alma es cuatridimensional. Por lo tanto, TODO lo que el cerebro trata de convencer a tu alma será insuficiente. El conocimiento intelectual, la "comprensión" cerebral, nunca podrá transformar o convencer a tu alma de nada porque opera en una dimensión más baja. Nuestra alma necesita un encuentro de corazón a corazón con Yahweh para ser transformada y sanada.

2. Segundo, para renovar la mente, DEBES abordar (no evadir) creencias y pensamientos equivocados. Imagina que este frasco representa nuestra mente y las bolitas son nuestros pensamientos. Cuando tenemos un pensamiento, es como si nos enfocáramos en una de las bolitas en el frasco. Ahora, supongamos que las bolitas negras representan pensamientos equivocados. Muchas personas intentan cambiar la forma en que piensan al elegir no enfocarse en una bolita negra y en su lugar enfocarse en una diferente. Cambiaron el enfoque de lo que estaban pensando, PERO no transformaron el pensamiento equivocado. Esa bolita negra todavía está allí, ocupando espacio en su mente. La evasión no trae transformación. La única forma de RENOVAR nuestra mente es intercambiar esa bolita negra por una nueva de otro color, de la mano de Jesús.

> Romanos 12:2 *"No os conforméis a este siglo, sino transformaos por medio de la renovación de vuestro entendimiento, para que comprobéis cuál sea la buena voluntad de Dios, agradable y perfecta."*
>
> 2 Corintios 10:5 *"derribando argumentos y toda altivez que se levanta contra el conocimiento de Dios, y llevando cautivo todo pensamiento a la obediencia a Cristo,"*

CADA pensamiento necesita ser desafiado o probado contra la

Verdad. Sabemos que muchos de nuestros pensamientos son "erróneos", pero hay muchos más pensamientos igualmente erróneos que no reconocemos. Muchas mentiras con las que estamos TOTALMENTE ciegos, hasta que son traídas a la Luz para ser probadas. Por ejemplo, la religión ha rebautizado algunos miedos llamándolos "sabiduría". En consecuencia, muchos de nuestros pensamientos que haríamos pasar como "sabiduría" son en realidad miedo, simplemente renombrados. Las mentiras renombradas como verdad son posiblemente MÁS dañinas porque no nos damos cuenta de la destrucción que causan. Por eso debemos llevar todo pensamiento a Jesús.

Llevar todo a Jesús es la clave para renovar la mente. Es el primer paso. La estrategia es que a medida que aprendemos a traer todo a Jesús, cambiamos para PERMANECER y amar DESDE esa conexión con Jesús. Ya nos hemos unido al baile del amor eterno. Pero la mayoría de nosotros vivimos como huérfanos mendigando las sobras de la mesa de la religión. A medida que renovemos nuestras mentes, aprenderemos la verdad sobre quiénes somos y eso transfigurará nuestra vida y el mundo que nos rodea. Ahora, mis dos formas favoritas de renovar la mente...

Ir a un encuentro

Encuentro es la palabra que uso para describir cualquier interacción consciente que tenemos con Jesús. Uso la palabra "consciente" porque constantemente, inconscientemente, interactuamos con Dios. De hecho, hemos pasado toda nuestra vida interactuando inconscientemente con Dios y el enemigo, nuestras almas simplemente no se dieron cuenta. Nuestro espíritu y el espíritu de Dios son UNO... ¡así que por supuesto estarán interactuando constantemente! Nuestra alma simplemente no ha aprendido a sintonizar lo que ya está sucediendo en nuestro espíritu. Comprometerse con Dios e interactuar conscientemente con Él entrena nuestras almas para sintonizar con nuestra realidad interna. Yo lo llamo encuentro, pero podría llamarse oración, compromiso, etc., el nombre no importa. No te dejes atrapar por la semántica, el corazón detrás de esto es el mismo: estamos eligiendo conectarnos consciente e intencionalmente con Jesús en una relación personal.

Es una mentira común que la gente crea que no puede oír o ver a Dios. ¿Cómo puede ser eso si somos UNO con Él? Aunque es posible que no podamos ver ni escuchar a Jesús con nuestro cuerpo físico, nuestro espíritu está completamente conectado con Él. Nuestras almas han pasado la mayor parte de nuestras vidas (o toda) enfocándose en solo una de las tres dimensiones en las que vivimos. <u>Todos somos seres multidimensionales con cuerpos en múltiples dimensiones a la vez.</u> Nuestros espíritus están en el mundo espiritual, ahora asentados en lugares Celestiales (múltiples) y nuestros cuerpos están en el mundo físico.

> *2 Corintios 4:18 "no mirando nosotros las cosas que se ven, sino las que no se ven; pues las cosas que se ven son temporales, pero las que no se ven son eternas."*
>
> *2 Corintios 5:7 "(porque por fe andamos, no por vista);"*
>
> *Hebreos 11:1 "Es, pues, la fe la certeza de lo que se espera, la convicción de lo que no se ve."*

El viaje de transformación e incluso convertirse en creyente requiere que nuestra alma tenga FE en el mundo espiritual, su existencia y su gran realidad.

El encuentro con Dios cambia la perspectiva y la realidad de nuestra alma para que tenga una mentalidad <u>celestial</u> y no una mentalidad <u>terrenal</u> (carnal). Nuestra alma ha moldeado todo lo que cree en torno a sus experiencias en el mundo del "probar, tocar, ver" en el que vivimos. Nuestras almas, cegadas por el dolor y el quebrantamiento, decidieron cómo funciona el mundo y construyeron creencias en torno a esas ideas. Vivimos dentro de las creencias de nuestra alma sin importar si son correctas o incorrectas. Es por eso que transformar la forma en que pensamos es de vital importancia. Nuestra alma filtra la forma en que percibimos el mundo que nos rodea basándose en el sistema de creencias del alma.

Por ejemplo, si nuestra alma cree que no puede oír ni ver a Dios, entonces se parece mucho a esta imagen aquí. Tenemos ojos y tenemos oídos… Simplemente estamos eligiendo no escuchar ni ver, SÓLO porque creemos la mentira de que no podemos oír ni ver a Jesús. Nuestra alma filtra la realidad en base a lo que cree. Si creemos que somos rechazados, viviremos y experimentaremos el rechazo dondequiera que vayamos. Por otro lado, si creemos que somos amados, viviremos y experimentaremos el amor dondequiera que vayamos: la misma realidad, diferentes creencias. Es por esto que las creencias de nuestra alma son de vital importancia para corregir y sanar para que nuestra vida sea transformada.

Si creemos que no podemos escuchar a Dios, entonces en la mayoría de las circunstancias no lo escucharemos simplemente porque nosotros estamos bloqueando nuestra capacidad de oírlo (como en la imagen). Sin embargo, esa es nuestra elección libre, no el deseo de Jesús. Él está de parado en la puerta llamando. Cada mentira que nuestra alma cree es un obstáculo que nos impide vivir en la realidad del Cielo. A medida que elegimos creer lo que Jesús dice sobre las mentiras del enemigo, lo que vemos y experimentamos cambiará porque esos obstáculos están siendo removidos. Cada mentira actúa como un filtro para nuestra alma, muy parecido a lo que sucedería si usáramos un par de gafas de sol con lentes morados. TODO lo que veríamos a nuestro alrededor sería morado. ¿Pero en realidad todo es morado? No.

Dios es lo suficientemente GRANDE para responder nuestras preguntas más grandes y aterradoras. ¡Él está ESPERANDO ser invitado a las partes más oscuras de nuestras almas, para poder mostrarnos la verdad y sanarnos! Él quiere que seamos libres de todo, desde la mentira más pequeña hasta las cosas más grandes y aterradoras que nos persiguen. Él está esperando, llamando a la puerta de nuestros corazones, invitándonos a una profunda y dichosa intimidad más allá de nuestros sueños más salvajes.

Por lo general, no es audible o físicamente que Jesús se encuentra con nosotros. Jesús es espíritu y la mayor parte de su interacción con nosotros es en el ámbito invisible. Aunque absolutamente Él podría revelarse a Sí mismo en este mundo, hay una belleza y una preciosidad en la fe que usamos para relacionarnos con Jesús en el ámbito espiritual. El reino espiritual es MÁS real e incluso más tangible que este mundo de tercera dimensión... simplemente no nos hemos dado cuenta todavía. Cuanto más vivamos según las reglas y la realidad del reino espiritual, más capaces seremos de romper las reglas y la realidad de esta tercera dimensión. Levantar muertos, caminar sobre el agua y multiplicar los alimentos es "imposible" en este mundo. Sin embargo, en el ámbito espiritual, es fácil a nivel elemental. [Hebreos 6:1-2] El reino espiritual supera a este mundo en todos los sentidos: sus leyes, realidades y su forma de funcionar. Y cuanto más comencemos a vivir DESDE ese reino (en el que ya existimos), más sobrenaturales seremos en este mundo. Todo esto para decir, es precioso y BUENO para nosotros buscar comprometernos con Jesús en el ámbito espiritual en lugar de ofendernos porque Jesús no nos está hablando audiblemente o apareciendo físicamente.

Podemos elegir confiar en Jesús, aunque no entendamos sus métodos. Jesús hace cosas fuera de nuestras mentes intencionalmente. Sus caminos no tendrán sentido, especialmente cuando lo conocemos por primera vez porque somos los menos parecidos a Él en ese momento. Sin embargo, cuanto más estemos en el viaje de transformación, seremos más completos y Sus caminos se volverán menos extraños... ¡porque también se están convirtiendo en nuestros caminos! Entonces, al principio, ayuda optar por creer que Jesús sabe más y hace todo lo que es mejor para nosotros, incluso si nos ofende.

Además, te animo a que seas paciente y amable contigo mismo. Aprender a interactuar con un reino completamente nuevo llevará tiempo y habrá una curva de aprendizaje. Es un baile de amor eterno al que nos hemos unido y no lo "resolveremos todo" dentro del marco de tiempo que esperamos. Sé paciente contigo mismo; la mayor parte de tu vida la has pasado siendo consciente e intencional con este mundo. De la misma manera que tuvimos que aprender a vivir en este mundo (hablar, caminar, ser adultos, etc.), habrá un proceso para que aprendamos mientras vivimos del reino espiritual.

Meditación

Me gusta describir la meditación como marinar. Cuando meditamos, es como si nos marinamos en un determinado concepto o forma de pensar. Cuanto más tiempo nos marinamos en algo, más tomamos el sabor de lo que estamos meditando. La meditación es efectiva y por eso se menciona una y otra vez en la Biblia.

> Salmos 119:15 "En tus mandamientos meditaré; Consideraré tus caminos.".

> Isaías 26:3 "Tú guardarás en completa paz a aquel cuyo pensamiento en ti persevera; porque en ti ha confiado."

Nos demos cuenta o no, ya estamos constantemente meditando. La pregunta es ¿en qué estamos meditando? Podemos meditar en cualquier cosa, sea buena o mala. Si nos enfocamos en pensamientos de escasez, miedo o falta de perdón, por ejemplo, entonces estamos meditando en MENTIRAS del enemigo. Esas mentiras serán el sabor en que nos estamos marinando y afectarán negativamente nuestra vida. Podemos arruinar un bistec perfectamente bueno si lo marinamos en veneno. Nuestra alma decide en qué va a pensar. Cuando elegimos pensar en cosas del Cielo, eso dará sabor a nuestros pensamientos y afectará positivamente nuestra vida. Cuanto más prestemos atención a nuestros pensamientos y seamos intencionales con lo que estamos meditando, más rápido veremos cambios. Renovar nuestra mente no se trata de ignorar y elegir pensar en algo diferente. Es marinar en la Palabra de Dios, incluso frente a circunstancias adversas y acusaciones. Al elegir meditar en las promesas y verdades de Dios, estamos optando intencionalmente por marinar en algo bueno. Esa meditación en la verdad comenzará a dar sabor a toda nuestra alma en sanidad y vida, ¡y eso renovará nuestra mente!

Los padres y madres de la fe eran conocidos por meditar día y noche. A menudo sus meditaciones eran simples y cortas, pero permitieron que esa simple y corta frase los consumiera y transformara. Incluso algo corto como "Soy amado y soy la encarnación del Amor" puede transformar radicalmente nuestras vidas a medida que empezamos a asimilar esa frase como verdad.

Una de las formas más fáciles de ser intencional con la meditación es escuchar sermones o leer un libro sobre un tema específico. Encuentra un orador/autor que sientas que se alinea con el corazón de Dios y escucha los mensajes sobre el tema en el que estás renovando tu mente. Tengo una lista de oradores y mensajes en la sección de Recursos al final del libro. Los sermones y libros que compartí son los que usé personalmente para meditar y renovar mi mente. Mientras escuchaba un sermón o leía un libro, me comprometí con Yahweh para ver cómo se aplicaban las cosas a mi vida. También fue útil porque Yahweh desechaba todo lo que no era para mí. Después de escuchar un sermón o leer un libro, pensaba en lo dicho y me marinaba en sus enseñanzas. Para los sermones realmente buenos, los escuchaba una y otra vez... ¡y escuchaba cosas nuevas cada vez!

¡Una cosa difícil acerca de la meditación es simplemente RECORDAR hacerla! En el oeste, estamos tan ocupados que puede ser útil configurar recordatorios para ti mismo. Una clave útil sería considerar CÓMO aprendes mejor y elegir los recordatorios que mejor se adapten a ti. Hay muchas maneras de recordarnos a nosotros mismos que debemos ser intencionales en lo que nos enfocamos. Aquí hay algunas ideas que encontré útiles:

- Pon una alarma en tu teléfono. Cuando realmente quiero tener algo anclado en mi corazón, pongo una alarma para que suene cada hora (o media hora) de 9 am a 9 pm. Cada vez que suena mi alarma, intencionalmente enfoco mi atención nuevamente en un verso o frase específica. Hago esto hasta que veo un cambio en mi pensamiento (o acciones) que muestra que creo en lo que estoy meditando. ¿Es extremo? Tal vez. ¿Funciona? Sí. Si enfocamos nuestra atención cada hora en la Verdad, absolutamente cambiará las cosas. No tienes que hacerlo cada hora; es justo lo que me pareció útil.

- Usa recordatorios físicos. A menudo, cambio el fondo de mi teléfono para que sea la frase o la verdad sobre la que estoy meditando. También me gusta poner notas adhesivas alrededor de la casa y el auto. Me he puesto una goma en la mano o me he dibujado una frase en el brazo.

Las ideas son ilimitadas sobre cómo podemos recordarnos a nosotros mismos. Sin embargo, en pocas palabras, en mi viaje de sanación, aprendí que era importante meditar en la verdad y comprometerme continuamente con Jesús. Estas dos cosas son las que he usado en mi viaje personal de transformación y siguen siendo las que uso hasta el día de hoy. Cuando iba a los encuentros, abordaba heridas y mentiras en mi alma. Luego tomaba la verdad que aprendí y me aferraba a ella, meditaba en ella, hasta que se anclaba en mi alma. El hábito de traer cosas a Jesús se volvió tan normal que comencé a hacerlo continuamente. Ahora permanezco, vivo de mi unidad y conexión con Yahweh en lugar de comprometerme con Él solo cuando estaba sufriendo. Sin embargo, antes de que aprendas a permanecer, comienza con volverte consciente e intencional en tu alma. Entonces podrás aumentar tu capacidad y concentración para permanecer conectado más tiempo en tu alma.

Capítulo cinco

ASPECTOS FUNDAMENTALES PARA CONECTAR CON YAHWEH

Este capítulo es una lista de consejos y mis mejores explicaciones sobre cómo conectarte con el ámbito espiritual y tener un encuentro con Yahweh. Hay tanta información sobre este tema, es literalmente un mundo completamente nuevo. Imagina tratar de explicar esta tercera dimensión a alguien en un mundo bidimensional. Solo puedes explicar hasta cierto punto. Eventualmente, la persona debe decidir conectarse con ese ámbito para experimentarlo por sí misma. Y esa es mi esperanza, que este libro te dirija hacia Jesús y te brinde las herramientas necesarias para conectarte con Él de manera personal y real. Los próximos capítulos tienen MUCHA información. Me llevó más de una década comprender y usar las herramientas de este libro. Así que te animo a tomarte tu tiempo para leerlos y entender que llevará tiempo procesar todo.

Al principio, elige un lugar tranquilo para practicar cómo conectarte con Yahweh. Nuestros cerebros están acostumbrados a la estimulación constante. La mayoría de las personas ni siquiera van al baño sin sus teléfonos porque sus cerebros están entrenados (en realidad son adictos) a la estimulación constante. Pueden ser juegos, textos o redes sociales; no importa lo que hagamos en nuestros teléfonos. El punto es que hemos entrenado a nuestros cerebros para estar constantemente, y a menudo sin pensar, haciendo algo. Por lo tanto, sugiero elegir un lugar con pocas o ninguna distracción para comenzar a conectarse o enfocarse conscientemente en Dios.

> Salmo 46:10 *"Estad quietos, y conoced que yo soy Dios; Seré exaltado entre las naciones; enaltecido seré en la tierra."*

Estar quietos, en silencio (en nuestros pensamientos también), y centrar nuestra atención e intención en Jesús es el primer lugar para comenzar. A menudo es difícil al principio porque nuestras mentes no han sido entrenadas para quedarse quietas. Estamos constantemente desplazándonos o pensando. La buena noticia es que cuanto más elijamos estar quietos y concentrados, más fácil será.

Haz una pregunta (o espera en Jesús) mientras te enfocas intencionalmente en Él. Recuerda, una parte de nosotros ya es uno con Él, la diferencia es que ahora estamos siendo intencionales para practicar la conexión con Él conscientemente. Tú, continuamente diriges tu enfoque y pensamientos hacia el trabajo, la vida, los sueños, los miedos, etc. En cambio, estás eligiendo dirigir tu atención y enfocarte en Jesús. Si eliges quedarte quieto, es posible que solo veas una pantalla negra o en blanco al principio y eso está bien. Mientras te enfocas en Jesús, incluso sin verlo, puedes hacerle preguntas. Jesús puede mostrarle una imagen o una escena completa (visión), muy similar a la forma en que vemos los sueños cuando dormimos o soñamos despiertos. Puedes escuchar a Jesús en tu corazón, de manera similar a como tendría una conversación en tu mente. Esta es la práctica inicial de iniciar una relación personal con Él en tu alma. Algunas buenas preguntas que puedes hacer son:

- ¿Qué te gustaría decirme hoy?
- ¿Qué te gustaría mostrarme hoy?
- ¿Qué te gustaría sanar en mi corazón hoy?

- ¿Qué te gustaría contarme sobre... (un sueño, evento, persona, etc.)?

También es igualmente maravilloso y poderoso simplemente esperar en Yahweh y sentarnos tranquilamente en Su presencia. A veces Él habla y, a veces, hay sanidad y avance que proviene de estar quieto en Su presencia.

¡ESCUCHA lo que Él dice! Tan simple, pero TAN difícil de abandonar. Hemos sido entrenados en la religión para hablar todo el tiempo. La religión nos enseña a "orar" sin escuchar nunca. Y la mayor parte del tiempo, ni siquiera es orar. Es exigir o quejarse de nuestro dolor e incomodidad. Entonces, en lugar de eso, cuando decidas ir a un encuentro, ESCUCHA lo que Él está diciendo. Esto es parte de estar QUIETO. Haz una pregunta y ESCUCHA. O simplemente espera en Jesús sin siquiera preguntar algo, solo concéntrate en Él.

¿Cómo sé que no me lo estoy inventando? Al principio, todo esto nos resulta TAN ajeno. Lo más probable es que tu mente grite: "¡Esto es una locura! ¡No es real! (O mi favorito) ¡Esto suena como una secta!". Yo he estado ahí, ¡y a veces todavía cuestiono la parte de la locura! ¡Todo en el Reino es tan diferente del mundo que nos rodea—ES una locura para este mundo y el pensamiento mundano! ¡PERO hay BUEN fruto aquí! ¡Fruto que queda!

> 1 Juan 4:1 "Amados, no creáis a todo espíritu, sino probad los espíritus si son de Dios; porque muchos falsos profetas han salido por el mundo."

Estaba tan increíblemente rota en mi alma. Creía tantas mentiras y era tan insegura. Era un desastre a pesar de que era profundamente religiosa. La religión no me sacó de mi dolor, pensé que tenía que sufrir en esta vida hasta morir antes de poder tener vida ETERNA y ABUNDANTE. Todo cambió cuando comencé una relación personal con Jesús en el campamento de invierno. Jesús se hizo real, personal y tangible para mí. Cuando se lo permití, Jesús sanó mi dolor y corrigió las mentiras que me frenaban. ESO es buen fruto. Lo que estamos haciendo está respaldado por la Palabra. Incluso en el Antiguo Testamento, Dios quería una relación personal con nosotros. Y varias personas eligieron comprometerse con Dios y decirle "sí" incluso si les daba miedo o desafiaba todo lo que sabían. Dios caminó con Adán. Abraham era amigo de Dios. Moisés subió a la montaña para ver a Dios. Los israelitas también fueron invitados a ir, ¡pero decidieron no hacerlo porque tenían miedo! El rey David era un hombre conforme al corazón de Dios. Enoc y Elías creyeron en la Verdad hasta el punto de que no murieron, sino que ¡ellos y sus cuerpos fueron arrebatados! Muchos hombres y mujeres valientes se comprometieron con Yahweh, incluso antes de que Jesús viniera. Estos padres y madres de la fe tenían todos una relación personal con Dios. Yahvé no está lejos. Él quiere una relación cercana y personal con todos y cada uno de Sus hijos.

Para responder a la pregunta original "¿Cómo sé que no me lo estoy inventando?" ... lo más probable es que al principio no sepas si te lo estás inventando o no. Requiere FE y la fe es la confianza en lo que esperamos y la seguridad en lo que no vemos. Como he dicho antes, la mayoría de las personas pasan sus vidas conscientes de este mundo solamente, a menudo ignorantes del alma y generalmente ignorantes de su espíritu y el reino espiritual. Creer que hay otro reino completo (y una parte de ti que ya existe en ese reino) está MÁS ALLÁ de este mundo... literalmente por definición. Lo más probable es que se sienta loco y como si lo estuvieras inventando al principio. Entonces, en fe, elegiste creerle a Jesús y elegiste comenzar una relación personal con Él. Con el tiempo, a medida que tu alma sane y experimente a Yahweh, verás un cambio para bien. Tus pensamientos, sentimientos, y las emociones cambian a medida que estás más y más de acuerdo con Jesús y la Verdad. Tendrás más paz, alegría, coraje y salud.

También comenzarás a notar que las cosas que ves y escuchas en los encuentros están más allá de ti. Escucharás pensamientos más inteligentes, conceptos más profundos o verás imágenes de cosas que nunca hubieras imaginado. Por ejemplo, una amiga mía estaba luchando por saber si el encuentro fue real o no y Jesús le dijo una palabra cuya definición no sabía. Cuando buscamos la palabra, era EXACTAMENTE lo que ella necesitaba escuchar, ¡pero ninguna de nosotras conocía la palabra! Jesús te sorprenderá y quiere conectar contigo de manera personal. Te animo a que NO permitas que el pensamiento "me lo estoy inventando" se interponga entre tú y conectarte con Jesús. Ahora que confirmamos que probablemente al principio pensarás que lo estás inventando al principio, quiero darte algunos consejos sobre cómo empezar...

Mientras te involucras conscientemente con Dios, recuerda:

1. **¡Haz preguntas en tu encuentro!** Cuando hables con Dios, sé como un niño y pregunta "¿Por qué?" hasta que estés satisfecho. Juega 20 preguntas con Jesús cada vez que te diga o te muestre algo.

   > Proverbios 25:2 *"Gloria de Dios es encubrir un asunto; Pero honra del rey es escudriñarlo."*

   Por diseño, Dios no da a conocer todas las cosas cuando nos muestra visiones. ¡Eso eliminaría el lado de la relación del encuentro! Él quiere que investiguemos y hagamos preguntas y nos conectemos con Él. ¡Y es DIVERTIDO de esa manera! Llegamos a aprender más acerca de Él cuando preguntamos "¿Por qué?". Las búsquedas del tesoro no serían divertidas si todo estuviera a la vista. Dios esconde cosas a propósito para que las encontremos en los encuentros.

2. **Habla con toda la Trinidad.** En un encuentro, tu alma elige conscientemente enfocarse en el Padre, Jesús o el Espíritu Santo y hablar con Él. Es ideal tener una relación sana con TODA la Trinidad. Así que ve a encuentros con Dios Padre, Espíritu Santo y Jesús. Puedes ir con los tres a la vez o tener diferentes encuentros con cada uno por separado. Si nunca has conocido o tenido un encuentro con una de las partes de la Trinidad, pide a la parte de la Trinidad con la que estás familiarizado que te presente a los demás miembros. Sugiero que cuando conozcas una nueva parte de la Deidad, hazles

preguntas como:

- ¿Qué piensas de mí?
- ¿Qué me quieres decir hoy?
- ¿Hay algo que quieras mostrar/enseñarme?

3. **Las mentiras bloquean nuestra capacidad de participar.** Si no estás escuchando, viendo o sintiendo a Dios, recuerda que tu alma debe estar creyendo una mentira y esa mentira está bloqueando tu capacidad de conectarte. Ya eres UNO con Yahweh y Dios no se está reteniendo a sí mismo de ti. Entonces, si tienes problemas para conectarte, es una solución simple y definitivamente no es Jesús quien se lo niega. Al principio, es posible que solo puedas vislumbrar o escuchar una palabra. Eso está bien y es común. Tu alma puede enfocarse y conectarse con Jesús en el ámbito espiritual, pero también es como un músculo que necesita ejercitarse. Tu alma necesitará practicar enfocarse en Jesús y el reino espiritual para aumentar su capacidad de permanecer conectada por más tiempo. Estás invitado a VIVIR desde una conexión constante con Jesús, lo que también se conoce como permanecer. Se necesita tiempo para madurar allí, pero está disponible para ti si lo eliges. A continuación, tengo toda una sección de consejos para eliminar bloqueos y mentiras que te ayudarán a conectarte mejor. Pero incluso entonces, tu alma aún necesitará práctica y necesitará aumentar su capacidad para permanecer conscientemente conectado con Jesús.

4. **Perdona a Dios si estás enojado u ofendido con Él antes de elegir comprometerte.** Las ofensas y las acusaciones contra Dios endurecen tu alma para que no escuche a Dios claramente (o incluso en absoluto). Lo más probable es que no puedas ver ni oír en un encuentro debido a la ira en tu corazón hacia Dios. En vez de eso, elige perdonar a Jesús por la ofensa que tienes hacia Él. El enemigo te ha mentido y te estás endureciendo contra el Sanador. Una vez que entregas la acusación y la ofensa, entonces puedes ir a Él con el dolor y recibir sanidad y paz. Para ser claros, Jesús no peca ni

hace nada malo, pero eso no evita que nuestras almas se ofendan con Dios por algo que percibimos en nuestro dolor. A menudo, estamos atrapados (bloqueados) en acusaciones contra Dios, por ejemplo, "¿Por qué permitiste _____" o "¿Dónde estabas cuando _____" o "¿Cómo puedes ser bueno o amar si _____"? Las acusaciones, la ira y la ofensa hacia Dios SOLO te hacen daño a TI. Te impiden la Sanidad y la Verdad por tu propia elección. Por lo tanto, te desafío a que elijas perdonar a Dios para que puedas ser sanado y estar completo.

5. **Entrega las preguntas que quieres que Dios te responda para que no sean un ídolo en tu corazón cuando vayas a un encuentro.** Este es uno grande. QUEREMOS respuestas, especialmente cuando sufrimos. Nos hace sentir que tenemos el control. Pero las respuestas no son lo que necesitas. Las respuestas no quitarán el dolor que sientes. Necesitas a Jesús, no respuestas, y Él lo sabe. Si te aferras a una pregunta que exiges (o suplicas) que se responda, entonces corres el riesgo de contaminar un encuentro con Jesús, si es que puedes conectarte.

6. **Es mejor no tener una agenda cuando se va a un encuentro.** El Señor QUIERE sanarte, Él SABE exactamente lo que está mal, y Su tiempo siempre es PERFECTO. Dicho esto, cuando vamos a Dios, Él a veces puede elegir hablar sobre una parte diferente de nuestro corazón de la que buscábamos sanidad. ¡Y eso está bien! Confía en su tiempo. Si tenemos una agenda, podemos perdernos lo que Dios realmente quiere hacer. A menudo, necesitamos aumentar nuestra capacidad de confiar en Dios, antes de que Jesús pueda abordar los GRANDES eventos dolorosos y las mentiras.

7. **Recuerda que sueles ir a los encuentros a través de los lentes o filtros de tu alma.** Tu alma contiene tu libre albedrío, por lo que es quien manda. Puedes encontrar cosas que no son _reales_ a los ojos de su alma porque experimenta el mundo que lo rodea a través de los filtros de tus creencias. De la misma manera que todo estaría coloreado si usaras

lentes morados, lo que "ves" está coloreado a través de las creencias de tu alma. Por eso, es importante conocer la Biblia y lo que dice acerca de nosotros y de Dios para que puedas discernir lo que es verdad y lo que no.

> 1 Juan 4:1 *"Amados, no creáis a todo espíritu, sino probad los espíritus si son de Dios; porque muchos falsos profetas han salido por el mundo."*

Dios es el mismo ayer, hoy y siempre. Él no se contradecirá a sí mismo. Entonces, si encuentra algo que contradice a Dios o la Biblia, ¡estás encontrando una mentira en su alma! Por ejemplo, si ves una visión de Dios en silencio y distante con los brazos cruzados hacia ti, ¿es ese el carácter de Dios descrito en la Biblia? NO. ¿Pero es eso lo que verás? Lo más probable es que lo hagas porque eso es lo que crees acerca de Él. En lo que crees es cómo percibirás el mundo que te rodea. Entonces, si alguna vez tienes una experiencia de encuentro que no se alinea con la Biblia o la Verdad, entonces llámalo por lo que es: ¡una mentira!

Para evitar que una mentira filtre tu encuentro, puede ser tan fácil como decir verbalmente algo como "Rompo con la mentira que (inserta la mentira o menciona señala lo que sea contrario a la Biblia en tu encuentro)". Te sugiero que lo digas en voz alta porque enfatiza audiblemente tu ruptura de acuerdo con la mentira y sus efectos de filtro. Cuando renuncias a la(s) mentira(s), por lo general la imagen cambia al instante porque te quitaste las gafas de sol moradas. (En la siguiente sección encontrarás más consejos para solucionar problemas).

8. **Ir a encuentros SOLAMENTE con Dios (Jesús, Dios Padre o Espíritu Santo).** Es fácil ser engañado en el mundo de los espíritus, así que asegúrate de estar siempre consciente e intencionalmente con alguien en la Deidad. Esto es importante cuando se habla con otros seres, ya sea la nube

de testigos, ángeles o especialmente un ser querido que ha fallecido. Nuestras ideas religiosas constantemente serán desafiadas de buena manera cuando emprendamos aventuras con Yahweh. Eso es bueno, maravilloso y parte del proceso de transformación. PERO Satanás tratará de engañarte, y eso es de lo que quiero que estés advertido y en guardia.

> 2 Corintios 11:14-15 "Y no es maravilla, porque el mismo Satanás se disfraza como ángel de luz. Así que, no es extraño si también sus ministros se disfrazan como ministros de justicia; cuyo fin será conforme a sus obras."

> 1 Juan 4:1 "Amados, no creáis a todo espíritu, sino probad los espíritus si son de Dios; porque muchos falsos profetas han salido por el mundo."

9. **Sé consistente con los desencadenantes y heridas "repetidas"**. Piénsalo de esta manera: nuestra alma tiene la mala costumbre de cargar con el dolor. Por mucho que no tenga sentido, es un HÁBITO, aunque nos haga daño. A veces, en la sanación, Jesús cura el dolor, la mentira Y el hábito. Es un trato de una sola vez. Esas curaciones son maravillosas y lo apreciamos cuando sucede de esta manera. PERO hay otra forma de sanidad que es igual de preciosa, posiblemente incluso más: la sanidad del momento a momento. A veces, Jesús sana las heridas cuando se las llevamos, pero permanece el hábito de llevar el dolor (o la mentira). En este caso, nuestra sanidad FUE real y FUNCIONÓ la primera vez. Pero después de nuestro encuentro de sanidad, INCONSCIENTEMENTE nuestra alma actuó fuera de su viejo hábito y recogió el dolor y la mentira nuevamente. Todos los hábitos se PUEDEN cambiar, pero se necesita tiempo y constancia. Si tu alma recoge el dolor o vuelve a mentir, tráelo a Jesús una y otra vez si es necesario. Es simple: si no nos damos por vencidos, los malos hábitos de nuestra alma CAMBIARÁN. Mejor aún, ¡el NUEVO hábito traerá todo lo que duele a Jesús! Y ESO es posiblemente

por qué este método de sanidad es más valioso. Obtener sanidad instantánea es maravilloso, pero no se estableció un nuevo hábito. Recibir sanidad de momento a momento es maravilloso porque nuestra alma descubre que Jesús es paciente, amable y lo suficientemente grande para cada dolor Y nuestra alma creó un nuevo hábito de ir a Jesús por cada dolor que siente.

Sé que estos fueron muchos puntos a tener en cuenta. No te abrumes ni pienses que tienes que "resolverlo todo". Estos son consejos y herramientas para ayudarte a comenzar a relacionarte con Yahweh. Es un proceso y VIAJE de transformación. Estos son solo consejos y cosas que he aprendido que pueden ayudarte.

Capítulo Seis:

SOLUCIÓN DE PROBLEMAS CUANDO TE SIENTAS ATASCADO

A veces nuestra alma se congela y se atasca al ir a un encuentro. El trauma y el dolor tienen una forma de cerrar el alma porque está abrumada (y por lo general se siente impotente o sin esperanza de un gran avance). Muchos factores pueden causar un bloqueo o una interferencia cuando nos encontramos con Dios. Recuerda que el reino espiritual es un mundo completamente nuevo, por lo que llevará tiempo y práctica navegar por un lugar nuevo. En el ámbito espiritual, no hay prisa por aprender algo "a tiempo" porque el ámbito espiritual está fuera de la dimensión del tiempo. Estamos en un viaje con Yahweh, unidos en una hermosa danza de amor. Él no tiene prisa. Si bien todos tienen su propio viaje de transformación, espero que este capítulo ayude a aclarar este nuevo mundo. A continuación, hay una lista de bloqueos comunes que la gente enfrenta cuando trata de involucrarse con Jesús y el reino espiritual.

1. No te alíes con el desánimo o la frustración. Sanar lleva tiempo y el enemigo hará todo lo posible para atraerte a un acuerdo con desánimo o frustración. El desaliento y la frustración son del infierno y son el enemigo. Punto. Siempre han traído y siempre traerán la muerte y RETRASAN tu viaje de sanidad. Jesús no está desanimado ni frustrado. Esto

significa que puedes optar por no asociarte con ellos.

Esta vida es un proceso y un viaje eterno. No hay un "destino" o "llegada" que puedas alcanzar. Imagínalo como bailar con Jesús. ¿No sería absurdo pedirle a Jesús: "Solo dime dónde estaré al final del baile para que pueda ir allí ahora"? ¡Te habrías perdido la belleza y conexión que se encuentran al bailar juntos! ¡Te habrías perdido la belleza y la conexión que se encuentran al bailar juntos! Literalmente ERES parte de un baile de amor eterno, y la parte agradable del baile ES el baile, no tratar de "llegar" a un lugar espiritual que te has imaginado en tu mente. A menudo, las mentiras tienen muchas capas que se manifiestan de diferentes maneras en la vida. No te desanimes si se desencadena un miedo u otra emoción negativa después de participar en un encuentro de sanidad. Lleva el problema a Jesús otra vez... y otra vez si es necesario. El corazón solo puede manejar cierta cantidad de cirugía a la vez, por lo que la sanación ocurre en etapas. A veces, Dios entra y sana un área de nuestra alma en un momento, pero la mayoría de las veces, la sanidad interior requiere tiempo y determinación. ¡Y ambos tipos de sanidad son hermosos! Si recibes sanidad instantánea en tu alma, no aprendes CÓMO estar completo, por lo que volverás a tener dolor y disfunción en cuestión de tiempo si no sabes cómo mantener esa plenitud. ¡Por eso es precioso caminar a través del dolor y la sanidad CON Jesús porque obtienes las herramientas y adquieres la comprensión para no volver a caer en la disfunción! Es hermoso caminar con Jesús porque construye la historia y la conexión con Dios a mientras trabajamos en nuestras heridas con Él.

2. **Qué hacer con las mentiras que tu alma cree.** Hay diferentes formas de identificar las mentiras que tu alma cree. A continuación, se muestra UNA de las muchas maneras de hacerlo. Estas son formas rápidas y fáciles de combatir las mentiras en el alma. ¡ESTO NO ES UNA FÓRMULA! Por lo general, Dios no hace lo mismo dos veces, ¡así que siempre se verá diferente! Puede saltarse pasos o salirse del orden, pero esta es una buena base para abordar una mentira

durante un encuentro. Cuando te das cuenta de que estás creyendo una mentira, puedes:

- ○ ¡Revelar!

    - > Pregúntale a Jesús: "¿Qué mentira estoy creyendo? ¿Qué dices TÚ sobre esta mentira?

- ○ ¡Arrepentirte!

    - > ¡Arrepentirse no significa disculparse! Arrepentirse significa dar media vuelta. Estás cambiando de dirección en tu forma de pensar. El objetivo es reconocer que la mentira ES una mentira, y luego elegir a Jesús en su lugar. Puede ser algo como: "Me arrepiento por creer la mentira de (insertar mentira). Es una mentira y es el enemigo. ¡Elijo no estar más de acuerdo con eso!"

- ○ ¡Reemplazar!

    - > ¡Este es un paso crítico! Debes reemplazar la mentira con la verdad de Jesús, o no tendrás con qué combatir la mentira. Puedes decir algo como: "Jesús, elijo darte esta mentira y no asociarme con ella. Elijo creer lo que dices en su lugar. Entonces, Jesús, ¿cuál es la verdad para combatir esta mentira? ¿Qué dices al respecto?

- ○ ¡Alegrarte!

    - > Cuando Jesús te dice o te da algo. ¡Agradécele por ello! Sé intencional para recibir con propósito lo que Jesús te dice o te da. Reconoce la verdad y permite que se convierta en parte de tu sistema de creencias.

Una nota rápida sobre las mentiras: no te desanimes cuando el enemigo te diga que es demasiado difícil o que no funcionará. ¡Eso es una mentira! Tu alma SIENTE como si esa mentira fuera verdad. Las mentiras que hemos creído durante mucho tiempo se sienten como parte de nosotros. ¿Es eso cierto? No. Las mentiras son una sanguijuela en tu alma, no son parte de ella. ¿Pero se SIENTE verdadero? Sí.

La pregunta no es "¿Jesús es lo suficientemente grande?" La pregunta es: ¿Elegirás creer en la verdad de Jesús y Su libertad, o te quedarás con las mentiras cómodas pero dolorosas que te son familiares?

3. **Los muros son dañinos, no útiles.** Cuando experimentamos mucho dolor o trauma, nuestra alma levantará muros para protegerse. ¡El problema es que las paredes en realidad atrapan el dolor ADENTRO y mantienen la sanidad AFUERA! Son un bloqueo en nuestra alma. Los muros nos impiden sanar porque también dejamos a Dios fuera de nuestros corazones. Entonces nos sentimos MÁS heridos porque nos sentimos rechazados por Dios, ¡aunque fuimos nosotros quienes pusimos las paredes para empezar! Entonces, en nuestro dolor, ELEGIMOS atraparnos con el dolor Y mantener la sanidad fuera. Todo eso para decir, si ves o sientes un muro en tu alma Y estás listo para derribar ese muro, aquí hay algunas cosas que puedes hacer:

o Rompe el ACUERDO con esa pared.

> Tu alma debe decidir que está lista para derribar el muro. Jesús no irá en contra de nuestro libre albedrío. Está en la puerta (o muro) llamando. (Observa que el verso no decía "Él está pateando la puerta"). Una vez que decidas que estás listo para derribar el muro, es útil decir verbalmente algo como, "Alma, reconocemos y decidimos que este muro no es útil. Es una trampa para nosotros. Así que ahora mismo, elijo no seguir asociándome con este muro".

o Pregúntale a Jesús (o al Espíritu Santo o a Yahweh) cómo derribar el muro.

> Para derribar el muro, Ellos pueden:

ℚ Decirte que le hables algo a la pared

ℚ Darte una herramienta para usar

ℚ Decirte que hagas un acto profético en lo físico.

ℚ O pueden ofrecerte derribar el muro por ti.

Hay una lista infinita de formas en las que Dios puede decirte que derribes el muro, así que haz lo que Él diga. Toma nota de cómo cambian las cosas cuando el muro desaparece. Si quedan partes del muro, pregunta: "¿Hay alguien a quien deba perdonar o una mentira de la que deba liberarme?" Una vez que tu muro haya desaparecido, ¡no olvides agradecerle al Padre por tu último avance!

Todo lo que hace el enemigo es una falsificación de la Verdad. Los muros de autoprotección del enemigo nos lastiman y traen la muerte, PERO hay una versión de los muros en el reino. ¡Su nombre es Yahweh! Sí, en serio, el Señor ES nuestra protección y nuestro muro.

> Nahum 1:7 "Jehová es bueno, fortaleza en el día de la angustia; y conoce a los que en él confían."

> Salmo 32:7 "Tú eres mi escondite. Tú me proteges de los problemas; Me rodeas con canciones de liberación Tú eres mi refugio; me guardarás de la angustia; Con cánticos de liberación me rodearás."

> Salmo 46:1 "Dios es nuestro refugio y fortaleza, siempre dispuesto a ayudar en tiempos de dificultad Dios es nuestro amparo y fortaleza, Nuestro pronto auxilio en las tribulaciones."

> Isaías 43:2 "Cuando pases por las aguas, yo estaré contigo; y si por los ríos, no te anegarán. Cuando pases por el fuego, no te quemarás, ni la llama arderá en ti."

> Proverbios 18:10 "Torre fuerte es el nombre de Jehová; A él correrá el justo, y será levantado."

Te animo a pasar tiempo con Yahweh y preguntarle acerca de Su protección. ¿Cómo se ve y qué significa para Él ser nuestro refugio y escondite? ¿Cómo estamos escondidos en Él? Recuerda, juega 20 preguntas. Cuanta más verdad escuches acerca de estar escondido en Él, más fácil será para tu alma no levantar otro muro en el futuro. Pero a veces el alma lo hace de todos modos, como ese mal hábito. Sé consistente con derribar las paredes una y otra vez si es necesario y el alma aprenderá con el tiempo que no necesita autoprotegerse.

4. **Habla con quien mejor te conectes en la Trinidad si te quedas atascado.** Todos tenemos diferentes experiencias de vida. Algunos de nosotros tenemos heridas de mamá o papá. Otros han sido profundamente heridos por amigos o hermanos. Nuestras experiencias de vida afectan nuestras opiniones y puntos de vista de Dios: Yahweh, Jesús y el Espíritu Santo. Nuestro corazón humano no tiene una rejilla para DIOS en su inmensidad infinita. Entonces, procesamos la idea de DIOS a través de nuestras experiencias en el mundo. Esperamos que Dios nos trate de la misma manera en que nuestro padre, madre y hermanos/amigos más cercanos nos trataron. Por ejemplo, si tu padre terrenal era distante y frío, inconscientemente asumirás que Yahweh te tratará de la misma manera. De la misma manera, nuestra relación con nuestra madre generalmente se traduce en nuestra percepción del Espíritu Santo porque comparten los roles de cuidador, maestro y consolador. Y según las Escrituras, Jesús es nuestro hermano y amigo más cercano. Así que, naturalmente, cómo nos trataron nuestros hermanos o amigos más cercanos es lo que esperamos que sea Jesús. Es por eso que a veces nos será más difícil conectarnos con diferentes partes de la Trinidad, aunque todas sean una. Entonces, si estás pasando por un momento difícil en un encuentro y te quedas atascado, puedes intentar hablar con quién tu alma se sienta más segura en la Trinidad y ver si te ayuda a superar el bloqueo.

5. **Visita un lugar familiar cuando te quedes atascado.** Puedes volver a visitar lugares y visiones que has tenido en encuentros con Jesús. Esto es útil si te quedas atascado en un encuentro. Si nuestra alma se apaga, una herramienta útil

es visitar un lugar familiar o favorito en el reino espiritual en el que hayas estado antes. A veces, nuestra alma necesita ir a un lugar seguro y volver a conectarse con Yahweh antes de seguir adelante.

- o Puedes alejarte del dolor y reconectarte en una visión diferente. Allí puedes preguntarle a Jesús por qué te cierras. Nuevamente juega 20 preguntas hasta que sientas el coraje de traer esa zona dolorosa a Jesús para que la sane.

- o Otra opción sería que te vuelvas a conectar con Jesús en una visión diferente y eligieras no volver al desencadenante hasta otro momento. Si tu alma no está lista para curar una herida, tratar de forzarla no será útil.

6. La MARAVILLOSA puerta trasera de la herramienta de obediencia. Cuando nos encontramos con un bloqueo que simplemente no sabemos cómo manejar, ¡podemos probar la "herramienta de obediencia"! Es probablemente mi estrategia favorita y es muy útil. Todo lo que tienes que hacer es preguntar algo como "Jesús, ¿cómo me deshago de esto en mi vida?" ¡Entonces HAZ lo que Jesús dice que hagas! ¡Eso es todo! Él es DIOS y cuando Él dice algo, es el FINAL.

Por ejemplo, Jesús le dijo una vez a un amiga que "rompiera un pedazo de papel y esa cosa desaparecería". Por lo general, romper físicamente un trozo de papel NO tendría ningún efecto en el reino espiritual y las heridas del alma. PERO porque Jesús dijo que así sería, ¡ahora había un decreto en vigor! Los demonios están sujetos a la ley espiritual, así que en este caso, cuando mi amiga rompió el papel, los demonios TUVIERON que obedecer porque ella estaba alineada con un decreto de Jesús. No hubo discusión. El demonio estaba FURIOSO, pero se fue instantáneamente y sin dolor. ¡Qué alivio! Esa fue una historia real desde la primera vez que aprendí sobre la herramienta de obediencia. Desde entonces, he usado esta herramienta una y otra vez. A veces, Jesús nos dice que hagamos cosas extrañas en el ámbito físico y, a veces, nos pide que hagamos cosas en un encuentro. De cualquier manera, Jesús es fiel y SIEMPRE tiene una solución y lo que necesitamos.

7. **Si ninguna de estas herramientas de resolución de problemas te ayudó, NO TE RINDAS.** Entiendo el dolor profundo y lo que es tratar de navegar a través del trauma. He estado allí muchas veces y hablo desde mi experiencia personal, no te rindas. Conocí y entendí estas herramientas cuando tuve un colapso psiquiátrico completo y estas herramientas no me ayudaron. En mi juventud, busqué celosamente una pelea con un gran príncipe (un demonio "chico malo"). Estaba fuera de los límites espirituales y también tenía una comprensión pobre de mi identidad y leyes espirituales. Yo era toda celos y nada de sabiduría. Me patearon el trasero, muy mal. Eso es lo que causó el colapso total. No podía funcionar... solo cepillarme el cabello era TAN estresante para mí que me hacía llorar. Traté tanto de conectarme con Jesús en medio de eso, pero no había nada que mi alma pudiera sentir. Sabía que mi espíritu era uno con Jesús. Sabía que no estaba sola y que Jesús ciertamente me estaba hablando. Estaba demasiado destrozada para escucharlo. En ese momento, podría haberme ofendido con Él. Podría haber tenido una acusación contra Jesús y me habría sentido justificada porque Él podría haberse revelado a mí. Pero intencionalmente elegí no hacerlo.

Incluso en lo peor de mi crisis, sabía que todavía era uno con Jesús. Sabía que Él era el único Sanador, y sabía que elegir ofenderme contra Él solo me iba a LASTIMAR más. No entendí, pero opté por no exigir ni concentrarme en las preguntas que tenía. En cambio, elegí centrarme en Jesús. No sentí nada. No miré visiones. No podía oír a Jesús en absoluto. Ni siquiera podía visitar mis lugares favoritos en el ámbito espiritual. PERO elegí fijar mi intención hacia Jesús. En el silencio y la oscuridad que sentía en mi alma, me enfoqué en Él. Usé mi libre albedrío para volverme a

Jesús aunque no sintiera nada a cambio. La clave fue que no me rendí. Perseveré ante las acusaciones del enemigo contra Jesús por "no presentarse en mi momento más oscuro". Y con el tiempo, mi alma sanó. Sabía que mi habilidad para conectarme era un problema de ALMA, no era Jesús abandonándome cuando estaba sufriendo. Sabía que ya era uno con Él, entonces mi falta de sentimientos era un SÍNTOMA de un alma muy quebrantada. Fui paciente e intencional. Jesús fue lo suficientemente grande para sanar CADA parte que estaba rota por mi celo. Medité en la verdad y adoré hasta que mi alma estuvo lista para conectarse nuevamente y salir de la oscuridad.

La meditación y los encuentros van de la mano en este viaje. Puedes perder u olvidar lo que sucede cuando te involucras con Yahweh, especialmente al principio, mientras tu alma está aprendiendo a navegar por este mundo completamente nuevo. Puedes pensar en ello como un sueño realmente genial que no crees que jamás olvidarás... luego lo olvidas. A menos que lo escribas, lo repitas una y otra vez, o lo pienses a menudo, nuestras almas simplemente olvidan y vuelven al dolor con el que están familiarizadas. Puedes olvidar incluso los mayores milagros cuando estás perdido y ciego de dolor. La meditación es clave para recordarle a tu alma y entrenar una NUEVA forma de pensar y vivir. Los encuentros te dan las claves personales e íntimas que necesitas para tus circunstancias, pero se pueden olvidar fácilmente. Levántate en la Palabra del Señor. Medita en la Palabra y comprométete con la Palabra viva tan a menudo como puedas. Eventualmente, aprendes a VIVIR de esa conexión y ese encuentro con Yahweh, y cubro eso más al final del libro.

Todo este capítulo proviene de 14 años de mi propio viaje personal. Estaba rota, ciega, ofendida y perdida... la religión no me ayudó a salir de ningún dolor. Creí en Jesús como mi salvador, pero mi alma estaba sepultada en dolor y tormento. Aunque mi espíritu era uno con Jesús, no sabía lo que había pasado y mi alma seguía atormentada. Mi único consuelo era el conocimiento mental que había acumulado a lo largo de los años, pero actuó como una burla y una frustración en lugar de llevarme a la libertad. Todo cambió cuando comencé a tener una relación personal con Jesús. El conocimiento mental se convirtió en revelación del corazón y libertad del alma. Jesús me habló a MÍ personalmente. Jesús ME amó. Jesús ME sanó. A medida que crecí, mi sanidad y mi avance se aceleraron porque confío en Jesús en niveles más profundos. Tu viaje es tuyo. Se verá diferente al mío, pero te garantizo que te llevará tiempo y paciencia.

Este libro, pero especialmente este capítulo, es una fuente de información. Llevará tiempo digerir y absorber la información y las herramientas de este capítulo. Cuando todo lo que has conocido es la dimensión en la que vive tu cuerpo, es aterrador y desafiante descubrir un reino completamente nuevo en el que vivir. Has iniciado un viaje eterno. No hay un "destino" o "punto de llegada" en la eternidad, así que disfruta de la danza de amor con Jesús. Te invito a empezar hoy. Invita a Jesús a tu desorden y dolor exactamente como está. Él tiene las respuestas, la sabiduría y la sanidad que necesitas. Está llamando a la puerta, ¿Le dejarás entrar?

Apocalipsis 3:20 "Yo estoy a la puerta y llamo, cualquiera que oye mi voz Y abra la puerta, entraré y tendré una profunda y dichosa intimidad con él y Él conmigo". (Traducción del autor)

Capítulo Siete

CRECIENDO

Tenemos ante nosotros una hermosa invitación para crecer. La religión ha creado un sistema que produce cristianos necesitados e inmaduros que se sientan y esperan morir para poder escapar al Cielo. Crecí en la religión pensando que este tiempo en la tierra era solo para ganar almas y esperar nuestro momento hasta que morir, o hasta que Jesús volviera. El cristianismo inmaduro nunca fue el plan de Dios para sus hijos. Él desea que seamos hijos maduros de Dios a quienes se les pueda confiar gobernar y reinar tal como ÉL lo haría. Todo creyente comienza como un bebé después de nacer de nuevo. Este es el orden de las cosas, y Yahweh, nuestro Padre, nos cuida en nuestra infancia, así como un padre primerizo adora a su bebé. Sin embargo, ningún padre desea o espera que su hijo SIGA siendo un bebé para siempre. Yahweh nos invita a gobernar y reinar con Él. Él está emocionado de ver a Sus hijos crecer y convertirse en poderosos hijos de Dios que cambiarán el universo para bien. La inmadurez nos impide alcanzar la plenitud que Dios tiene para nosotros. Y para algunos es una gran decepción porque son ignorantes e inmaduros al pensar que son "cristianos geniales".

> 1 Corintios 3:1 *"De manera que yo, hermanos, no pude hablaros como a espirituales, sino [solo] como a carnales, como a niños [en la nueva vida] en Cristo."*
>
> 1 Corintios 14:20 *"Hermanos, no seáis niños [inmaduros] en el modo de pensar, sino sed niños en [asuntos de] la malicia [completamente*

*inocentes e inexpertos], pero maduros en el modo
de pensar [como adultos]."*

*Gálatas 4:3 "Así también nosotros, cuando
éramos niños, estábamos en esclavitud bajo los
rudimentos del mundo."*

*Efesios 4:14 "para que ya no seamos niños
fluctuantes, llevados por doquiera de todo viento
de doctrina, por estratagema de hombres que
para engañar emplean con astucia las artimañas
del error,"*

*Hebreos 5:12 "Porque debiendo ser ya maestros,
después de tanto tiempo, tenéis necesidad de que
se os vuelva a enseñar cuáles son los primeros
rudimentos de las palabras de Dios; y habéis
llegado a ser tales que tenéis necesidad de leche,
y no de alimento sólido."*

Pablo aborda la inmadurez de los creyentes muchas veces, no
es algo nuevo. TODOS nosotros empezamos siendo inmaduros
al principio. TODOS empezamos como bebés cuando volvemos
a nacer... ¡aunque la intención era que creciéramos! Fuimos
destinados a GOBERNAR y REINAR con Cristo. Los bebés que
aún son carnales no tienen poder ni están listos para reinar con
Jesús. ¡Hay mucho más para nosotros, y ya está en nosotros por a
Jesús! Elegir madurar requiere que asumamos la responsabilidad
y nos apoyemos en el estiramiento que trae consigo la madurez.

*Efesios 1:4-5 (NTV) "según nos escogió en él
antes de Los Fundamentos del mundo, para
que fuésemos santos y sin mancha delante de
él, en amor <u>habiéndonos predestinado para ser
adoptados hijos suyos</u> por medio de Jesucristo,
según el puro afecto de su voluntad," [Énfasis
mío]*

La palabra "adoptar" en el idioma original no es igual a nuestra percepción actual de la palabra. Cuando escuchamos "adoptar", pensamos en un huérfano que fue acogido (adoptado) por una nueva familia. Por más hermoso que suene que Dios nos "adoptó", ¡este pasaje significa algo mucho mejor! En la cultura judía, la adopción es el momento PODEROSO en que un padre presenta a su hijo a la tribu como un hijo MADURO que puede hacer negocios en su nombre, ¡como el padre mismo! ¡WOW! ¡Un hijo es completamente hijo del padre desde su nacimiento, pero cuando madura, es "adoptado" y tiene la autoridad y la confianza del padre!

En la cultura judía, la adopción es algo en lo que el hijo elige crecer. Un hijo viene de su padre y es como él porque el hijo es hecho de su padre. (¡Recuerda, fuimos hechos a la imagen de Dios mismo! ¡Somos Su descendencia desde el principio también!) Luego, en la cultura judía, cuando un hijo tiene la edad suficiente, recibe un bar mitzvah. Esta es la celebración de la transición del hijo de un niño a un hombre. A partir de ese momento, se espera que el hijo sea tratado y actúe como un hombre. Sin embargo, nadie crece de la noche a la mañana, todavía hay mucho que el hijo debe aprender y crecer antes de que se le considere maduro. Madurar es un proceso, un viaje, y no puede ser apresurado. Se cometerán errores, el orgullo se corregirá y el celo precipitado se convertirá en sabiduría constante. A medida que el hijo madura, el padre discipula el carácter de su hijo y lo guía en el negocio familiar. Entonces, una vez que se pueda confiar en que el hijo manejará los negocios <u>tal como lo haría el padre</u>, una vez que el hijo haya madurado y pueda tomar decisiones poderosas, entonces el padre lo "ADOPTARÁ". El padre llamará a los ancianos del pueblo y reunirá a la familia. Luego, delante de todos, el padre públicamente ADOPTARÁ a su hijo. A partir de ese momento, la familia y la tribu saben que el hijo tiene autoridad para actuar y hacer negocios en nombre del padre, como el padre mismo. Esto es madurez.

Antes de que Él hiciera el mundo, antes de que pecáramos, el plan de Dios era que fuéramos parte de la familia. Pero la intención no era que fuéramos los eternos hijitos de la familia.

El diseño original era que maduráramos para que pudiéramos gobernar y reinar como lo hace Yahweh, en Su nombre y como Él. Fuimos hechos a la misma imagen de Dios para que podamos ser como Él... no solo en apariencia sino también en madurez y acción. ¿Seremos alguna vez Dios Creador, Rey de Reyes, ¿el mismo Yahweh? No, obviamente no. Pero SOMOS reyes. Él es simplemente el REY de reyes. Somos sacerdotes. Él es el SUMO sacerdote. Él siempre nos superará en rango, lo cual tiene razón. La invitación es para que demos un paso hacia nuestras identidades y seamos sus manos y su voz en la tierra.

Entonces, ¿CÓMO maduramos?

- **Actúa como Jesús.** Sí, actúa como Él hasta que SEAS como Él. ¡Cuanto más actúes como Jesús, más rápido te volverás más como Jesús en acción y pensamiento! ¿Cómo madura un niño? Un niño mira a papá lavar el auto y trata de ayudarlo. ¿Él realmente ayuda? No. Y es tres veces más tardado cada vez que se tiene "la ayuda" de un niño. Pero cuando ayudan, aprenden, poco a poco, cómo hacer las cosas. Con el tiempo, en realidad están ayudando a lavar el automóvil y luego crecen para poder lavarlo solos. Así que actúa como Jesús, y llegarás a ser como Él en el camino.

- **Ve a Jesús como la fuente de todo en la vida.** La institución religiosa tiene personas que dependen del pastor para su "alimentación" y dirección espiritual, y con frecuencia esperan que él haga todo el trabajo, para su sanidad y en la comunidad.

> *1 Juan 2:27 "Pero la unción que vosotros recibisteis de él permanece en vosotros, y no tenéis necesidad de que nadie os enseñe; así como la unción misma os enseña todas las cosas, y es verdadera, y no es mentira, según ella os ha enseñado, permaneced en él." [Énfasis mío]*

No NECESITAMOS un maestro; ¡tenemos al Maestro de Maestros EN nosotros! Ve a la Fuente. A medida que permitimos que Jesús sea nuestra fuente, no caminaremos como dependientes de un sistema, sino que nos convertiremos en agitadores de naciones, un puente del cielo a esta tierra. Parte de madurar es dejar de depender del sistema religioso y en su lugar ser llenados en nuestro ser por la realidad en la que ya vive nuestro espíritu. Es importante tener en cuenta que todos somos parte del cuerpo de Cristo y estamos llamados a ayudarnos mutuamente en nuestras cargas. Ocasionalmente, necesitar la ayuda de otros creyentes está absolutamente bien. Esta vida es dura, y cuando nos golpea un trauma, puede ser difícil conectarnos con Yahweh y superar el dolor. Por lo tanto, es importante aclarar que necesitar ayuda para atravesar una temporada difícil es muy diferente de depender constantemente de alguien para que sea nuestra fuente.

- **Aprende de tus errores.** Los niños que están aprendiendo a caminar, no empiezan caminando perfectamente. Se entiende que un niño no caminará o andará en bicicleta perfectamente la primera vez. El mismo nivel de paciencia y gracia debe darse a nosotros mismos a medida que crecemos espiritualmente. Estamos aprendiendo a caminar en Cristo y no caminaremos perfectamente al principio. Nos caeremos y nos golpearemos las rodillas, pero tenemos un Padre amoroso animándonos y ayudándonos a levantarnos. El Padre es paciente. Sabe que estamos aprendiendo y que vamos a cometer errores. Cuando cometemos un error, la solución es simple... ¡traerlo a Jesús! Pregúntale qué pasó y qué estaba creyendo tu alma cuando cometiste el error. Llévaselo a Jesús. Si haces esto, ¡entonces todo se convierte en una oportunidad para CRECER! Aprendes más de los fracasos y errores que cuando haces algo correctamente. De la misma manera, creces más en tiempos difíciles que en tiempos fáciles. Entonces, ¡se convierte en un ganar-ganar! ¡No puedes perder! ¡O lo haces bien o aprendes de ello y lo haces mejor la próxima vez!

- **Mantente humilde.** El momento en que pensamos que lo sabemos todo, es el momento en que dejamos de crecer. Si queremos crecer y madurar continuamente, entonces no debemos envanecernos ni ofendernos. Hay una cantidad infinita de conocimiento en Yahweh. ¿De verdad crees que nuestros cerebros de guisantes están a la altura de la majestuosidad y sabiduría infinitas de Yahweh? No lo creo. Por lo tanto, mantente humilde en todo lo que hagas, de esa manera no se te impedirá crecer en ninguna parte de tu alma.

- **Se consciente de sí mismo.** ¿Cómo está tu vida mentalmente? ¿Tus acciones se parecen a las de Jesús? ¿Por qué haces lo que haces? A medida que comenzamos a prestar atención a nuestros pensamientos, acciones y hábitos, estamos dando el primer paso hacia la maduración y la transformación.

Para ser claros, TODO este proceso requiere fe. Desde el momento en que escogiste a Jesús, usaste la fe. Usamos la fe para tener una relación personal con Dios, y en la fe ponemos a prueba todo contra la Palabra de Dios. Igualmente, TODOS comenzamos engañados, y TODOS estamos en un viaje para salir de ese engaño. Cada mentira que rompemos y cada herida que sanamos nos ayuda a caminar más en la Verdad y menos en las mentiras que nos engañaron. Esto es solo parte del viaje de transformación. Por temor a ser engañados, muchas personas optan por no crecer y comprometerse con Yahweh. Ellos no quieren "volverse raros" o "ser engañados", así que, en lugar de eso se quedan engañados en la caja que ellos mismos crearon. Todos estamos en el hermoso y desordenado proceso de filiación, lo reconozcamos o no.

Por último, Jesús no está esperando con impaciencia a que "nos pongamos las pilas" y crezcamos. Sin embargo, Él busca a aquellos creyentes que darán un "¡SÍ!" inquebrantable a Él. Jesús nos libera para que seamos completamente libres para tomar decisiones SIN CONDENA, mientras que al mismo tiempo nos invita a unirnos a Él en la danza del amor eterno. Jesús quiere que la voluntad del Padre se haga en la tierra para que la muerte y la enfermedad tengan su fin. Pero Él no hará esto a costa de quitarnos nuestro libre albedrío. En cambio, Jesús está esperando que nos unamos a Él en la cruz, que muramos a la carne y resucitemos como Él y en Él. Él espera que entreguemos nuestra voluntad perfectamente libre, sometiéndola a la voluntad de Yahweh, para que podamos ser adoptados como hijos maduros. Cuando elegimos esto, nada es más poderoso en todo el universo.

Capítulo Ocho:

LO MISTERIOSO Y MARAVILLOSO

¡Este viaje eterno en el que estamos es la aventura más maravillosa de todas! Es un viaje salvaje que continúa desafiando la caja en la que me tenía a mí misma o a Jesús. Las alturas, las profundidades, los reinos y las dimensiones son interminables, así como Su amor. Yahweh es infinito, todopoderoso y desbordante en majestad, más allá de la descripción de cualquier palabra y la comprensión de cualquier mente. Yahweh es tan maravilloso que ÉL TIENE que hacerse pequeño para que nosotros si quiera comencemos a comprenderlo y relacionarnos con Él. Por ejemplo, cuando Jesús se muestra como Rey de reyes en un encuentro, tu rostro estará en el suelo y aún no estás lo suficientemente bajo. Entonces Jesús puede elegir mostrarse en escala en vez de mostrarse como un amigo al que puedes ver cara a cara. Hay mucho más de lo que podríamos pensar o imaginar: Él es infinito en majestad. Eso es aterrador, emocionante, maravilloso y extraño, todo en uno. Incluso las partes inusuales y aterradoras están llenas de la maravilla y la bondad de Yahweh.

Este libro es un manantial de información. Tampoco expliqué completamente cada concepto e intencionalmente dejé preguntas sin responder. El propósito de este libro es llevarte a Jesús y espero que le lleves a Jesús cada gota de este manantial. Cada concepto y pregunta sin respuesta puede ser un trampolín en tu confianza y amistad con Jesús. Todo lo que necesitas es a Él y quiero ayudarte a ver eso y crecer en Él. Si tuviera que darte algunos consejos en este viaje eterno, serían estas cosas:

1. Mantente cerca de Jesús

    > Él es todo. Él es la Fuente, la Vida, Sanidad, Provisión, TODO. Estar cerca de Él es lo más importante. Las preocupaciones de este mundo son momentáneas, pero lo que hacemos y construimos con Jesús es eterno. Sé consciente de Él en todas las cosas... desde lavar los platos hasta las relaciones, las finanzas y el futuro. Trae a Jesus consciente e intencionalmente a todo lo que hagas. No solo se transformará tu vida, sino que cambiará el mundo que te rodea.

2. Mantente humilde y flexible

    > Sé que mencioné esto en el último capítulo, pero realmente es de vital importancia. No te atrofies pensando que sabes o entiendes algo. Incluso dentro de los atributos de Dios, hay capas. Por ejemplo, puedes aprender eternamente más acerca de la bondad de Dios. Él es infinito. Entonces, mantente humilde en todas las cosas... hasta los niños y las hormigas tienen tanto que pueden enseñarte.

3. Persevera, no te rindas.

    > Jesús es fiel en medio de un mundo efímero. Él es lo único con lo que podemos contar y confiar. Las circunstancias cambian, las personas actúan humanamente y los problemas están garantizados en esta vida. En un mundo incierto, solo UNA cosa es segura. Y su nombre es Jesús. Cuando todo el infierno se ha desatado, Él sigue siendo Proveedor, Sanador y Rey de Reyes. Jesús es lo suficientemente grande para llevarnos a través de todo lo que enfrentamos. Entonces, te desafío a perseverar y no darse por vencido. Confía en Jesús en todos los sentidos ya toda costa.

    > *Jeremías 32:27 "He aquí que yo soy Jehová, Dios de toda carne; ¿habrá algo que sea difícil para mí?"*

4. Elige a Jesús sin importar el dolor, la confusión o las circunstancias.

> > Cuando llega el dolor, el enemigo acusa a Yahweh del quebrantamiento que causó Satanás. Cuanto mayor es el dolor, mayor es la acusación que empuja el enemigo. Puede ser tan difícil elegir a Jesús en medio de un gran dolor y preguntas sin respuesta. Pero por favor, NO te pongas del lado del enemigo (que te odia y está tratando de destruir tu vida). Jesús es bueno y Él es el único sanador. No hay otra salida del dolor excepto en Él. Si te endureces contra Yahweh a causa del dolor y las preguntas, limitas tu capacidad de ser sanado y de estar completo. Entonces, en todas las cosas, elige a Jesús. Bill Johnson dice: "Para tener una paz que sobrepase tu entendimiento, debes renunciar a tu derecho a comprender". Elige a Jesús sobre el dolor y las preguntas sin respuesta y tendrás una paz que sobrepasa el entendimiento y sanidad para tu alma.

A medida que practiques estas cosas y aumentes la capacidad de tu alma para enfocarte y comprometerte con el reino espiritual, puedes aprender a obrar en AMBOS mundos a la vez. En lugar de necesitar un lugar tranquilo, puedes practicar la conexión con Jesús en tu vida cotidiana. ESTO es permanecer. Tomará tiempo llegar allí. Al principio, tienes que enseñarle al alma a enfocarse y comprometerse con el mundo espiritual. Pero a medida que madures en esto, comenzarás a enfocarte más fácilmente en lo espiritual, al mismo tiempo que podrás enfocarte y obrar en lo físico. Puedes crecer para estar PLENAMENTE consciente y conectado con ambos lugares simultáneamente. Eres un ser multidimensional que también puede vivir con una conciencia multidimensional.

Pasé mucho tiempo en este libro explicando las heridas del alma y cómo despegarse, pero eso es solo el comienzo. Conectarse con Yahweh (tener encuentros) no siempre se tratará de ti y las heridas de tu alma. Lidiar con las heridas del alma es simplemente un requisito previo antes de que podamos ascender. Esos bloqueos del alma deben eliminarse para que puedas ir a aventuras y misiones con Yahweh. Él quiere enseñarte a volar, y lo hará... pero primero, debes sanar. ¡Luego puedes ascender!

Soy franca y clara al decir que no lo sé ni lo entiendo todo. De hecho, cuanto más aprendo, más me doy cuenta de LO POCO que sé y comprendo. Una parte de mí se siente como un niño de jardín de infancia tratando de escribir un libro sobre física cuántica. Sé tan poco y, sin embargo, ha estado en mi corazón escribir y llevar a la gente a Yahweh. Él es simplemente el mejor en todos los sentidos y quiero ayudar a las personas a encontrarlo y a rechazar la religión en todas sus formas.

> 1 Corintios 13:12-13 "Ahora vemos por espejo, oscuramente; más entonces veremos cara a cara. Ahora conozco en parte; pero entonces conoceré como fui conocido. Y ahora permanecen la fe, la esperanza y el amor, estos tres; pero el mayor de ellos es el amor."

> 1 Corintios 13:9 "Porque en parte conocemos, y en parte profetizamos;"

Ni siquiera Pablo afirmó saberlo todo, pero compartió lo que sabía y cambió el mundo gracias a ello. Incluso si lo supiera todo, cosa que no es así, muchas cosas están más allá de toda explicación. Los conceptos y las profundidades espirituales son demasiado para nuestro cerebro de guisantes, y está diseñado para que sea así. Somos cerebros de guisante dirigiendo a los cerebros de guisante. Cuando ves la realidad de nuestro estado mental, realmente quitas la presión de tratar de resolverlo todo. Entonces, Así que, ¡vamos con el que no tiene cerebro de guisante y disfrutemos del baile del amor al que te has unido!

Cuando era una joven madre, esposa y estaba MUY ocupada siendo la pastora de niños, luchaba con cuánto tiempo pasar con Dios. Esto fue antes de que aprendiera sobre el árbol de la vida y que los "deberías" son un demonio. pero aun así me llevó a un encuentro que cambió mi vida con Yahweh. Le pregunté a papá: "¿Cuánto tiempo debo pasar contigo cada día? David

Hogan pasa 4 horas al día y Heidi Baker pasa 6 horas al día en el lugar secreto contigo. Si estoy situada en la eternidad, entonces tenemos toda la eternidad juntos, ¿verdad? ¿Cuántas horas (en mi opinión, cuántas horas de sueño perdido) debo pasar contigo al día?" Yahweh se rió de mí y dijo: "¿Oh? ¿No crees que estarás ocupada en la eternidad? Estaba a punto de defenderme cuando Yahweh me mostró esta increíble imagen del Cielo. Era como una colmena impecable llena de gloria, alegría sin límites, paz absoluta, y en perfecto ritmo. Había TANTO que hacer, tantas misiones y aventuras y reinos por explorar. (¡No había personas sentadas en las nubes tocando arpas!) Yahweh explicó: "Incluso en la eternidad, hay trabajo. Aquí no hay aburrimiento, y hay infinitas cosas que puedes hacer. Incluso aquí, fuera del tiempo, rara vez la gente viene y me busca en el lugar secreto". Yahweh luego descubrió el velo de carne sobre Su corazón para mostrarme los lugares secretos más íntimos de Su corazón. Había menos de un puñado de personas allí con Él en aquel lugar. Con todos los seres que hay en el Cielo, me rompió el corazón ver que tan pocos se tomaban el tiempo para ir al lugar secreto. Sabía que el lugar secreto era una invitación para todos y que no había juicio contra aquellos que no lo elegían. Yahweh ama nuestro don del libre albedrío, y en el Cielo, no hay "deberías" ni condenación. Mientras asimilaba la realidad de que siempre habrá trabajo que hacer, incluso en la eternidad, Yahweh continuó: "Jessica, la pregunta no es cuánto tiempo "deberías" pasar conmigo. La verdadera pregunta es ¿cuánto de Mí deseas tú?". Yahweh abrió sus brazos ampliamente en una invitación, sus ojos de fuego removieron el núcleo mismo de mi ser. Me abrumó la pregunta y lo que vi. Respondí: "Quiero ser adicta a Tu Presencia. Yo quiero ser quien ministre a Tu Corazón. Me iré al lugar secreto y me quedaré contigo allí. Quiero todo de ti." Yahweh sonrió y yo cambié para siempre.

Entonces, ¿cuánto quieres de Yahweh? Para ganar Su corazón, primero debemos darle el nuestro. Y en la medida en que le demos nuestro corazón, es la misma medida en que Yahweh nos da el suyo. Él nos amó primero y nos ofrece Su corazón primero, pero tenemos que elegirlo a Él y abrir la puerta para dejarle entrar. No hay condenación; eres verdaderamente libre de elegir cuánto y qué tan profundo quieres ir. Cada uno de nosotros estamos en nuestro hermoso y personal viaje con Jesús. Es una aventura salvaje, extraña y maravillosa a la que estamos invitados y en la que decidimos cuánto queremos de ella.

Espero que este libro y la serie te animen en tu viaje con Yahweh. No es fácil, pero es lo más maravilloso de todo el universo. El comienzo es el más difícil, así que no te rindas. Jesús es digno de confianza, fiel y lo suficientemente grande. Un último consejo, cuanto más rápido y más profundo nos rindamos, más rápido y completo será el avance que veremos. Diría que seas bendecido, ¡pero ya ERES bendecido! Así que, para terminar, diré: "Lo mejor está por llegar. Feliz baile".

RECURSOS PARA EL VIAJE POR DELANTE

Libros: las copias impresas son geniales, pero muchos de estos libros son más baratos en Kindle.

Filiación y deshacer la religión

- Divine Adoption - Jesudian Sylvester
- Swallowed up by life – Jesudian Sylvester
- Legacy of Sonship - Ricky Nieuwenhuis
- The Shack- William Paul Young
- Treasures of Darkness III Part 1: Foundations of a Transcendent Life—Joseph Sturgeon

Sanidad Interior

- Emotional Healing in 3 Easy Steps - Praying Medic
- Heart Made Whole - Christa Black

Ver en el Espíritu

- Seeing in the Spirit Made Simple - Praying Medic

Videos de YouTube: Busca estos títulos en YouTube para encontrar los videos.

Fundamentos del cristianismo: quién es Dios, quiénes somos nosotros y el evangelio

- **Living from Heaven Chris Blackeby**
  Esto es profundamente liberador para cualquiera que quiera dejar la religión y comprender mejor la identidad. ¡Este sermón lo he escuchado repetidamente más que cualquier otro sermón!
  https://www.youtube.com/h?v=LNxMVsqhQTO&list=PLpVBWlnJzRDIpHCIQDWue1dBUmlyL3wB&index=2&t=1233s

- **Foundations by Jesudian Sylvester**
  Es una serie de 10 partes sobre los fundamentos del evangelio. Es un maestro EXCELENTE y desmantela el evangelio religioso en su

totalidad. ¡Lo recomiendo mucho a todos los creyentes!
https://www.youtube.com/playlist?list=PLJzPWhJn4GdUTzIsY3CEGGSO2bGFIuNtk

- **Sonship, Identity, and Maturing**
  Dan Mohler's- La verdad, Fe, Liberación
  ¡Este sermón es una enseñanza maravillosa y compacta sobre la verdad del evangelio y cómo liberar nuestros corazones de la esclavitud!
  https://www.youtube.com/watch?v=_JOUIPIQ&list=PLpVBWInJzRDBXwkvarHvhbiLrHBRXz93&inde=3

- **How to detox your brain Part 1 and Part 2**
  "Desintoxicar tu mente con Caroline Leaf" es una poderosa enseñanza sobre el cerebro y la comprensión de la necesidad de renovar la mente y cómo los pensamientos afectan tu cerebro físico. Enseña un estilo más técnico y científico que es útil para mucha gente.
  https://www.youtube.com/watch?v=Ea8pHeetkgo

- **Start in rest - Chris Blackeby**
  Este sermón es maravilloso al desglosar qué es el descanso y cómo vivir en el REPOSO que Jesús tiene para nosotros.
  https://www.youtube.com/h?v=mST3qX9JzRDIpHCIQDWue1dBUmlyL3wB&index=1&t=4016s

- **Sons live by the goodness of God Chris Blackeby**
  ¡Este sermón ayuda a cambiar nuestro corazón de huérfanos a hijos!
  https://www.youtube.com/watch?v=mxYiVBIL4oM

POEMAS DE UNA AMANTE DE JESÚS

Esta sección es simplemente algunos de los poemas/canciones que he escrito a lo largo de los años. Estos son muy cercanos a mi corazón y muy personales para mí, sin embargo, sentí que Yahweh me pidió que los compartiera. Por lo tanto, estoy obedeciendo a regañadientes. Confío en que te ministrarán como lo han hecho conmigo.

El primer poema fue escrito mientras me recuperaba de mi aborto espontáneo. Es muy personal para mí, pero lo compartí con la esperanza de que ayude a aquellos que están de duelo, a encontrar a Yahweh en su dolor. Lo elegí a Él y ahora estoy completa gracias a Él. Puedes estar completo en cuerpo y corazón incluso después de una gran tragedia. Él es nuestro gran consolador y nuestro sanador. Que aquellos que han perdido, sean completos de nuevo.

De Quebrada a Completa

En medio de un corazón roto
En medio de todo el mal
Te miro Jesús
Mi fuerza, mi sanador

Estoy añorando a mi bebé
El dolor se siente demasiado grande para soportarlo
Pero te miro a ti Jesús
Mi fuerza, mi sanador

Un millón de preguntas pasan por mi mente
Para atormentar mi corazón lleno de dolor

Elijo no perderme en todo ello
En cambio, te miro a ti Jesús
Mi fuerza, mi sanador

¿Cuándo pasará la tormenta?
No hay nada que yo pueda hacer
Así que en lugar de alejarme
Te miro Jesús
Mi fuerza, mi sanador

Sé que no querías esto
Sé que no causaste esto
Así que te elijo y lloro contigo
Te miro Jesús
Mi fuerza, mi sanador

Eres el único que puede sanar
Eres el único que calma la tormenta
Eres la única salida a mi gran desesperación.

Así que te lo doy todo

Te doy mi dolor
Te doy a mi bebé

Te miro Jesús
Mi fuerza, mi sanador

La canción del amante devastado

Mi amado me llama
Mi alma cobra vida
Escucho el susurro del amor llamándome

Él está llamando desde el desierto
Diciendo ¿vendrás?
El costo es todo
¿Aun así vendrás?

¡Y grito sí, mi eterno sí!
Todo lo que soy es tuyo
Ya no soy mía

El lugar secreto me llama
Me has llamado tu amiga
Me has llamado tu amante

Completamente unida, totalmente sometida
A través de mis miedos y más allá de mis muros
Cueste lo que cueste

Vengo y estoy deshecha
El desierto no es un desierto
Me ha encontrado el amor

Estoy cautivada
Estoy perdida en Su mirada
Todo lo demás se desvanece

Me uní al baile del amor eterno
Perdida en la felicidad eterna
Me ha ganado el amor

Te elijo a ti

A pesar de mis sentimientos
A pesar de mis preguntas
Aun así, te elijo a ti

En tiempos de abundancia
En tiempos de devastación
Aun así, te elijo a ti

Incluso cuando el dolor te culpa
Incluso cuando no puedo ver
Aun así, te elijo a ti

En la salud y en la enfermedad
En la riqueza y en la pobreza
Todavía te elegiré

¿A dónde más podría ir?
Solo tú tienes las palabras de vida
No hay nadie como tú

A dónde más podría ir?
Solo tu eres el sanador
El único redentor

Así que lo dejo todo
Te doy mi todo
Que sea una ofrenda
Dolor y todo

Te elijo a ti
Una y otra vez, te elegiré

Te escojo a ti
Porque tú me elegiste a mí primero

Colorea fuera de las líneas

Llévame al borde de mí misma
Quiero deshacerme

Hazme sentir incómoda
Quiero conocer tu corazón
Cautívame y abrúmame
Solo te quiero a ti

Rompe el suelo
Derriba los muros
Estoy lista para el desastre
Lo quiero todo

Desenfrenado
Fuera de la caja

Colorea fuera de la línea
Colorea en mí
Colorea en ti
Colorea fuera de la línea

PERMISOS DE LAS ESCRITURAS

Las Escrituras se citan

- Reina-Valera 1960 (RVR1960)

Los permisos son los siguientes:

- Las citas bíblicas fueron tomadas de la Biblia Reina-Valera 1960. 5ta. Edición, 2013.

ACERCA DE LA AUTORA

Jessica era una don nadie de ninguna parte que descubrió que era hija de Dios. A lo largo de los años, ha recorrido un viaje para descubrir su identidad y el crecimiento de una amistad personal con Jesús… ¡y ahora ella ayuda a otros a hacer lo mismo!

SeraphCreative

Heaven's Heart for Earth

Seraph Creative is a collective of artists, writers, theologians & illustrators who desire to see the body of Christ grow into full maturity, walking in their inheritance as Sons of God on the Earth.

Sign up to our newsletter to know about future exciting releases.

Visit our website :

www.seraphcreative.org